广府文库
The Canton Archives

广府人联谊总会　广东省广府人珠玑巷后裔海外联谊会　广东人民出版社　合编

广州古史讲真

陈泽泓　著

南方传媒
广东人民出版社
·广州·

图书在版编目（CIP）数据

广州古史讲真 / 陈泽泓著 . —— 广州：广东人民出
版社, 2025. 5. —— (广府文库). —— ISBN 978-7-218
-18368-8

Ⅰ . K296.51

中国国家版本馆 CIP 数据核字第 20259N8H09 号

Guangzhou Gushi Jiangzhen

广州古史讲真

陈泽泓 著

出 版 人：肖风华

策划编辑：夏素玲

责任编辑：谢 尚 张译天

封面设计：亦可文化

版式设计：广州六宇文化传播有限公司
Guangzhou Liuyu Culture Communication Co., Ltd.

责任技编：吴彦斌

出版发行：广东人民出版社

地 址：广州市越秀区大沙头四马路 10 号（邮政编码：510199）

电 话：（020）85716809（总编室）

传 真：（020）83289585

网 址：https://www.gdpph.com

印 刷：广州市豪威彩色印务有限公司

开 本：787mm×1092mm 1/16

印 张：14.75 字 数：180 千

版 次：2025 年 5 月第 1 版

印 次：2025 年 5 月第 1 次印刷

定 价：78.00 元

如发现印装质量问题，影响阅读，请与出版社（020-85716849）联系调换。

《广府文库》学术委员会

总　序

　　广府文化，一般是指以珠江三角洲为中心的粤中，以及粤西、粤西南和粤北、桂东的部分地区使用粤语的汉族住民的文化，是从属于岭南文化范畴的中华文化重要组成部分。

　　先秦时期已有不少游民越五岭南下定居；秦朝大军征服南越后，不少秦兵留居岭南，成家立业，可以说是早期的南下移民；唐代以降，历代中原一带战乱频仍，百姓不远万里，相率穿越梅岭，经珠玑巷南下避难。这些早期的南下移民和其后因战乱而南来的流民分散各地，落地生根，开基创业。其中在珠江三角洲一带与原住民融洽相处、繁衍生息的，也就逐渐形成具有相同文化元素的广大族群，他们共同认可和传承的文化便成为多元的、别具一格的广府文化。

　　广府文化可圈可点的形态和现象繁多，若从中华民族发展的历史来看，广府核心地区最大贡献应该在于历代的中外交往，这种频密的交往，使近代"广府"成为西方先进事物传入中国、中国人向西寻求救国真理的窗口。西方文化是广府文化得以不断丰富和发展的重要来源，也成就了广府文化的鲜明特色。广府核心地区是中国民主革命的发源地。在近代以后，广府人与中国民主革命的关系特别密切。广府文化是中国民主革命发源于广东、广东长期成为中国民主革命中心地区的重要基础，而革命文化又成为广府文化最为耀目的亮点之一。孙中山和他的亲密战友们的著作、思想，以及康梁的维新思想从广义看来也应属民主革命思想范畴，他们的思想形成于广府地区，同样是讨论广府文化应予重视的内容。近代广州，是马克思主义早期传播的重要地区，又是中国共产党早期活动的重要舞台，可见广府文化与红色文化一直存在着千丝万缕的特殊关系。

上述数端，都是讨论广府文化时应予优先着眼的重中之重。

广府文化中的农耕文化也很值得称道。广府农耕文化是广府人的先祖为后人留下的一笔具有重大价值的遗产。曾经在珠江三角洲，特别是顺德、南海一带生活过的上了年纪的广府人，大都应该记得自己少小时代家乡那温馨旖旎的田园风光吧？昔日顺德、南海一带，溪流交织如网，仰望丽日蓝天，放眼绿意盈畴，到处是桑基、鱼塘、蕉林、蔗地。人与大自然的和谐相处，在这片平展展的冲积平原上表现得再鲜明不过了。从前人们在这里利用洼地开水塘，养家鱼；在鱼塘边种桑，用桑叶饲蚕；又把经过与鱼粪混凝的塘泥，屏上塘边的桑基作肥料培育桑枝，成熟的桑叶又成为蚕儿的食粮。真是绝妙的废弃物循环再利用！从挖塘养鱼到肥鱼上市；还有桑葚飘香、蚕茧缫丝的整个过程，就是一堂生动而明了不过的农耕文化课。那是先祖给子孙们一代复一代上的传统农耕文化课，教育子子孙孙应当顺应物质能量循环的规律进行生产。这千百年来不知道曾为多少农家受益的一课，如今已在时代进程中，在都市文化和时尚文化的冲击、同化与喧嚣中逐渐淡化以至消隐了，但先祖那份遗产的珍贵内涵，还是值得稳稳留住的，因为"人与自然的和谐相处"，永远是我们必须尊重、敬畏和肃然以对的课题。

广府人，广府事，古往今来值得大书特书者不知凡几！

广府人的先民来自以中原为主的四面八方，移民文化与原住民文化日渐相融，自然形成了异彩纷呈的多元性文化。例如深受广府地区广大观众喜爱的粤剧，就是显著的一例。据专家考究，粤剧是受到汉剧、徽剧以及弋阳腔、秦腔的影响而成为独具特色的剧种的。孕育于辛亥革命前后的广东音乐（亦称粤乐）也是突出的一例。这种源于番禺沙湾，音调铿锵、节奏明快的民族民间乐曲，也是历史上来自中原的外来音乐文化与广府本土音乐文化相结合，其后又掺入了若干西洋乐器如提琴、萨克斯管（昔士风）等逐渐衍变和发展而成的音乐奇葩。

在教育和学术领域方面，历史上的广府也属兴盛之区，宋代广府即有书院之设；到了明代，更是书院林立，成效卓著。书院文化也堪称广府文化中炫目的亮点。湛若水、方献夫、霍韬等分别在南海西樵山设立大科、石泉、四峰、云谷四大书院讲学，使西樵山吸引了各地名儒，一时成为全国瞩目的理学名山，大大提升了岭南文化品位的高度。到了明神宗时期，内阁首辅张居正厉行变法革新运动，民办书院一度备受打压。其后，也因民办书院的办学宗旨和教学方针并非以统治者的意志为皈依，故仍常被官府斥为异端，频遭打压，但民间创办书院的热情依旧薪火相传。清乾隆五十四年（1789），南海西樵名士岑怀瑾于西樵山白云洞内的应潮湖、鉴湖、会龙湖之间倡办的三湖书院，名声远播、成效甚著，可见当时民办书院的强大生命力未因屡遭打压而衰颓。康有为、詹天佑、中国近代民族工业的先驱陈启沅、美术大师黄君璧与有"岭南第一才女"美誉的著名诗人、学者冼玉清都是从三湖书院出来的名家。

清代两广总督阮元在广州越秀山创办学海堂书院，其后朝廷重臣、洋务运动的重要代表人物张之洞，又设广雅书院于广州，这两所书院引进了若干西方的教育理念，培育了一批新式人才，在岭南教育事业从旧学制到新学制转型的过程中起了不容低估的积极作用。这都是很值得予以论述的。

广府在史上商业发达，由于广州曾长期作为中国唯一合法的对外贸易口岸，因而商贸繁盛，经济发达。十三行独揽中国对外贸易法定特权达85年之久。十三行商人曾与两淮盐商和山陕商帮合称中国最富有的三大集团。如此丰厚的商贸沃土，孕育出许多民族企业家先驱和精英，也就是顺理成章的了。马应彪、简照南、利希慎、何贤、马万祺、何鸿燊、霍英东、郑裕彤、李兆基、吕志和等，就是其中声誉卓著的代表人物；在改革开放大潮中涌现的英杰奇才，更是不胜枚举。广府籍的富商巨贾和华侨俊杰，在改革开放的伟业中表现出来的爱国热忱、赤子情怀感人至深。他们纷纷以衷心而热切的行动，表现对改革开放的拥护和支持，为祖国的各项社会主义建设事业不惜投巨资、出大力，作出了有目共睹的巨大贡献。

广府地区在文学艺术方面也是英才辈出，清初"岭南三大家"屈大均、陈恭尹、梁佩兰享誉全国；近人薛觉先、马师曾、千里驹、白驹荣、红线女等在粤剧界各领风骚；高剑父、高奇峰、陈树人高举"岭南画派"的大旗，为岭南绘画艺术的创新和发展另辟蹊径；冼星海的组曲《黄河大合唱》，以其慷慨激昂的最强音，气势磅礴，有如澎湃怒涛，大长数亿中国人民的志气和威风，鼓舞不愿做奴隶的人们敌忾同仇，在抗日战争中横眉怒目，跃马横刀，终于使入侵的暴敌丢盔弃甲，俯伏乞降……中国的近现代史，不知洒落过几许广府人的血泪! 百年之前, 外有列强的迫害和掠夺, 内有反动统治者的欺压和凌虐。正是那许多苦难和屈辱, 催生了广府人面对丑恶势力拍案而起的勇气, 他们纵然处于弱势, 仍能给予暴敌以沉重打击的悲壮史实, 足以使人为之泫然。清咸丰年间, 以扮演"二花面"为专业的粤剧演员鹤山人李文茂, 响应洪秀全号召, 率众高举反清义旗, 占领三水、肇庆, 入广西, 陷梧州, 攻取浔州府, 改浔州为秀京, 建大成国; 再夺柳州, 称平靖王。19 世纪中叶那两场以鸦片为名的战争, 向侵略者认输的只是大清朝廷龙座上的道光皇帝和咸丰皇帝; 而让暴敌饱尝血的教训的, 却是虎门要塞的兵勇和三元里的农家弟兄。他们以轰鸣的火炮、原始的剑戟以至锄头草刀, 把驾舰前来劫掠的强盗们打得落花流水。1932 年, 十九路军总指挥东莞蒋光鼐、十九军军长罗定蔡廷锴, 率领南粤子弟兵, 与入侵淞沪的日军浴血苦战, 以弱胜强, 以少胜多。那撼人心魄的淞沪抗日之战, 不知振奋过多少中国人民! 在强敌跟前, 不自惭形秽, 不自卑力弱, 真可谓广府人可贵的传统风格。试想想, 小小一名舞台上的"二花面", 居然敢于揭竿而起, 横眉怒目, 与大清帝国皇帝及其千军万马真刀真枪对着干, 那是何等气概! 何等胸襟! 何等情怀!

那许多光辉的广府人和广府事, 真足以彪炳千秋, 自应将之铭留于青史, 以敬先贤, 以励来者。

岭南文化的典型风格是开放、务实、兼容、进取; 广府民系的典型民风是慎终追远、开拓奋斗、包容共济、敢为天下先。这都是作为广府人应该崇尚和发扬的光荣传统。为何广东成为民主革命的策源地? 为何广东在改革开放大潮中成了先行一步的排头兵? 为何经济特区的建立首选在南海之滨……这些都可以从上面的概述中得到合理的解释。

以上只不过是信手拈来的三数显例而已，广府文化万紫千红，郁郁葱葱。说工艺园林也好，说民俗风情也好，以至说建筑、说饮食、说名山丽水……都言之不尽，诉之不竭。流连其间，恍如置身于瑰丽庄严的殿堂。那岂止是身心的享受，同时还仿佛感受到前贤先烈们浩然之气渗入胸襟，情怀为之激越无已。

广府！秀美而又端庄的广府！妩媚而又刚毅的广府！历经劫难而又振奋如昔的广府！往事越千年，这里不知诞生过几许英杰，孕育过几许豪贤！在她的山水之间，也不知演出过几许震古烁今的英雄故事！我们无限敬爱的先人，在这四季飘香的热土上所创造的精神财富和物质财富，其丰硕繁赡是难以形容和无法统计的。那一切，都是无价之宝啊！要不将之永远妥善保存和传承下来，那至少是对广府光辉历史的无视和对先祖的不恭。

基于此，广府人联谊会与广东人民出版社决定联合出版《广府文库》丛书，用以保存和传承老祖宗所恩赐的诸多珍贵遗产。我们将之作为自己肩上的光荣责任和必须切实完成的庄严使命。

《广府文库》的出版宗旨，在于传承和弘扬广府文化、广府民系的正能量，力求成为一套既属文化积累，又属文化拓展，既有专业论著，又能深入浅出、寓学术于娓娓言谈之中的出版物，高度概括和总结具有悠久历史的广府民系风貌和广府文化精粹，传而承之，弘而扬之，使之在社会主义建设，在中华民族的伟大复兴过程中起应有的积极作用。选题范围涵盖有关广府地域的各方面；出版学术界研究广府文化的高水平专著，以及受广大读者欢迎的有关普及读物；同时兼顾若干经典文献和民间文献的出版，使之逐步累积成为广府文化研究不可或缺的知识库和资料库，以"整理、传承、研究、创新"为基本编辑方针。《广府文库》内容的时间跨度无上下限。全套丛书计划出版100种左右，推出一批具有较高学术价值的原创性论著，以推动广府文化学术研究的创新性发展。内容避免重复前人研究成果、与前人重复的选题，要求后来居上，做到"借鉴不照搬，挖掘要创新"。选取广府文化史最为经典、最具代表性的部分，从具体而微的切入口纵深挖掘，写细写透，从而凸显广府精神的内核和广府文化的神髓，积跬致远，逐步成为广受欢迎和名副其实的文化宝库。

2021 年 12 月

镇海楼（许博涵 摄）

镇海楼老照片

"永宁台"石匾（陈泽泓 摄）

南越国番禺城水闸遗址（陈泽泓 摄）

船台遗址图片（载《广州秦汉考古三大发现》）

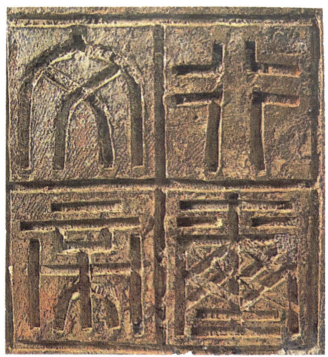

南越文帝行玺（西汉南越王墓出土，西汉南越王博物馆藏）

南越宫苑木简上的"蕃池"墨字
（载《南越国宫署遗址》）

"水军修宋城砖"铭

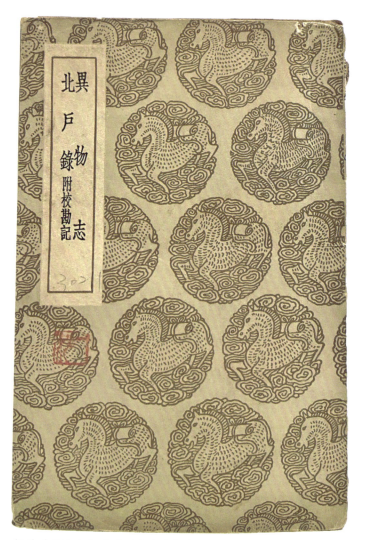

异物志

北户录 附校勘记

杨孚《异物志》（《万有文库》）

達摩井圖

法性寺

達摩井

引自大良版《光孝寺志》

乾隆《光孝寺志·达摩井图》

光孝寺陀罗尼经幢（许博涵 摄）

光孝寺洗钵泉（许博涵 摄）

诃林匾（许博涵 摄）

光塔（陈泽泓 摄）

光塔南门藻井區（许博涵 摄）

六榕寺塔（许博涵 摄）

鲍姑宝殿（许博涵 摄）

虬龙古井（许博涵 摄）

清代外销画的黄埔港（载《广州历史陈列画册》）

越秀公园五羊雕塑（陈泽泓 摄）

藥洲九曜石（许博涵 摄）

米芾题"藥洲"石刻（载《广府金石录》）

米芾像（载《吴郡名贤图传赞》，清顾沅辑，孔继尧 绘，清道光九年（1829）刻本）

庄有恭状元墓（载《广州市文物普查汇编·黄埔区卷》）

庄有恭像（载《清代学者像传》第
一集），叶衍壮摹，黄小泉 绘）

康僧会像（载《佛祖道影》
1935 年刊本）

虞翻像（载《于越先贤像
赞》，清任熊 绘）

杨万里像（载《杨文节公
全集》，清乾隆五十九年
（1794）带经轩刻本）

王子安像（载《晚笑堂画传》，
上官周 绘）

海瑞像（载《邱海二公合集》，清同治十年（1871）重刊本）

杨继盛像（载《三才图会》，明王圻 辑，明万历刻本）

刘大夏像（载《三才图会》，明王圻 辑，明万历刻本）

《学海志·学海堂图》黄培芳 绘

阮元像（载《清代学者像传》第一集，清叶衍兰 辑摹，黄小泉 绘）

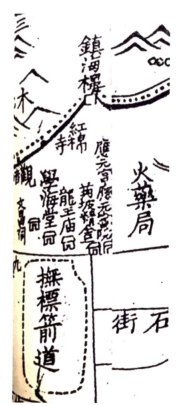

清同治《广州府志·省城图》上标明学海堂与应元书院位置

目录

序

　　广州是国家历史文化名城，也是岭南文化中心地，有关广州历史文化的出版物甚多。近年来，因修志、写书关系，触目不少关于广州历史文化的文本，不时发现一些关于广州历史的错误说法，因口口相传而三人成虎。其中有的关系到广州人文、历史、城建、宗教等领域的研究，有的直接影响到历史陈述、社会行为及学术研究。因此，立意撰写本书参与讨论。

　　本书力求通俗易读，并融入相关学术成果，也算是历史文化的一项科普工作吧。"讲真"为粤语口语，意为"说真的""说实话"，用于书名表示认真说事。本书不作人云亦云，旨在探求历史真相，有的问题未必有标准答案，至少对习以为然的说法提出有据的质疑，或罗列众说以比较，并尽可能连带阐述与题目相关的广州历史，以求正本清源，扩大知识面。

　　本书大多观点，是本人三十年来关注广州历史、参与学术研讨的成果。特别是从事地方志工作后，旧志研读所受到的启示，这些成果多有撰文发表在《学术研究》《广东史志》《羊城今古》《文史纵横》等刊物上。部分观点则采自历史界、文博界学者的研究成果，这些真知灼见给予我甚多教益，惜其未能引起应有的重视而没有充分发挥出正本清源的作用，所以本书亦着意引申彰示。在此，对提供了这些观点的前辈及同道者表示衷心的谢意！同时希望能以此书引起大家对广州历史文化更多的关注和讨论，共同推进广州历史文化的研究和宣传。

广东人民出版社的夏素玲主任、张译天编辑、唐明映编辑在本书的书稿编辑工作上付出了辛勤的劳动，尽心竭力于校勘本书引文及涉及的史实，在此对她们表示衷心的谢意！

广州别称如何理解

　　广州别称有羊城、楚庭、南武城。对这些别称如何理解，从中折射出什么历史信息，是本文要说的话。

　　在谈别称前，先厘清正称"广州"的概念范畴。

　　作为地名的"广州"一词，有三种意思：

　　一是作为行政区划之称，"广州"是于三国东吴黄武五年（226）从交州分出创置，从那时算起，"广州"一词面世不到1800年。明清时期称广州府，民国以后称广州市，二者也常简称为"广州"。

　　二是指历史地域，如作为广州话、广州菜、广州人的冠称，其地域范围未必能说得很具体，因为历史上的广州、广州府、广州市辖境及辖属变化频繁，说者也不求甚解。

　　三是指广州城，其范围或涵盖广州城郊（诸如白云山、海珠岛、西关、东山就在城外）。老一辈的广州人在日常生活中，习惯将旧时广州城之地称为"广州"，如五山居民入城，会说"去广州"。本文所使用的"广州"概念，即是如此。

　　广州别称羊城，人尽皆知。羊城，原指广州城，现在则被扩用指广州市，如"羊城粤剧节"，即为广州市粤剧节。

　　羊城的别称源自家喻户晓的"五羊神话"，这是一个寄托着对美好生活向往的美丽的城市神话。长期以来，论者都说记载五羊传说最早的文献，是出自晋人顾微、裴渊分别所著的《广州记》。两处文字大同小异，这里引裴渊所说："州厅事梁上画五羊像，又作五谷囊，随像悬之。云：昔高固为楚相，五羊衔谷萃于楚庭，于是图其像。广州则楚分野，故因图像其瑞焉。"广州一名始于三国吴。上文说的，是三国时广州官厅上的一幅画，画里的五羊故事，则是传说中高固在楚威王时为相的故事。

其实，记载五羊传说的文献还有更早的。《太平御览》卷一八五"厅事"类目中裴渊记载五羊传说事条之前，辑载有另一事条："《郡国志》曰：广州吴孙皓时以滕修为广州刺史，未至州，有五仙人骑五色羊负五谷来迎而去，今州厅事梁上画五仙人骑五色羊为瑞。"此条目较少为人所留意和引用，《郡国志》将五羊传说发生时间置于三国吴时而不是"楚庭"之时，相关人物不是"南海人高固"，而是吴时广州刺史滕修。从时间来看，楚威王在位至公元前329年，吴末帝在位至公元280年，相差六百多年。自古以来文人崇古，因而宁愿取《广州记》之说而不顾其经不起推敲，也不采用《郡国志》。

《郡国志》是《三吴郡国志》的简称，作者是三国吴人韦昭。韦昭曾任吴太史令、中书郎、博士祭酒，参与撰《吴书》。他奉命校定群书，官职累迁侍中，领左国史。因屡忤吴末帝孙皓意，死于狱中，未能活到晋代，《郡国志》当撰于三国时期，撰修时间早于晋人《广州记》。此书将五羊故事产生的背景放在滕修任广州刺史之时，并非偶然。滕修奉孙皓旨意，征讨在广州发动兵变的郭马，得封安南将军、广州牧，成为镇守广州的封疆大吏，是在广州很有威信的长官和名将。晋武帝伐吴，才三四个月，孙皓就投降了。晋武帝颇有治国之才，大胆任用前吴官员，"牧守以下，皆因吴所置"。因而滕修仍继续主政广州，认真执行晋武帝制定的"除其苛政，示之简易"的政策。在他任内相当长一段时间，广州政局比较稳定。这从后来出土于广州的晋砖所刻"永嘉世，天下荒，余广州，皆平康""永嘉世，九州空，余吴土，盛且丰"铭文上也得到了印证。五羊故事发生在滕修主政广州期间，既反映了当时广州人民对安居富裕生活的向往，也反映了吴末晋初广州地区相对平稳、小康。吴、晋代志书均记载了五羊故事，离传说诞生时间不远，反映了顾微、裴渊，特别是韦昭等修志者捕捉题材的敏感性。

清人屈大均的《广东新语》，对此传说的发生时间，甚至语有抵牾。此书"五谷神"条目说是"晋吴修为广州刺史，未至州，有五仙人骑五色羊负五谷而来，止州厅上，其后州厅梁上图画以为瑞，号广州曰五仙城"。同书"五羊石"条目竟把五仙骑五羊"来集楚庭"的故事，前推到距今约3000年前的西周"周夷王时"（前885—前878）。这反映了五羊传说传至明末清初时已有各种说法，屈大均就将晋说及西周说均收入同一书中，甚至将曾任吴晋两朝广州刺史的滕修讹称为"晋吴修"。从《郡国志》《广州记》至《广东新语》，可见五羊传说在演变过程中，存在着神话故事发生时间不断上移的趋势。

正本清源，应当说吴韦昭的《郡国志》是已知最早记载五羊传说的古籍。从中引出的"楚相高固""楚庭"也值得一论。

历史上实有其人的高固是春秋齐国大夫。明人黄佐的《广州先贤传》首列高固传。阮元主修的《广东通志》转载了高固传，并在传后"谨案"中分析："固为楚相，岂有去郢适粤之事耶？后人因此附会固为南海人，实无确据也。"高固任楚相时，楚都在郢（一说春秋时楚文王定都于郢，即今湖北江陵县西北纪南城；

一说凡为楚都皆称郢），岂有离开楚都跑到粤地的事。还说"未知何时由齐迁盛，臣服于楚"，断定此事安到高固名下"实无确据也"。后人还因此附会说高固是南海人，也没有确凿根据。这反映了晋人记载的五羊传说已被加工到不能自圆其说的地步。

楚庭，也有称楚亭。先秦，楚国在岭南建立管治机构的事，历史文献没有确凿记述。清初顾祖禹《读史方舆纪要》引载唐《通历》："周夷王八年，楚伐扬越，自是南海事楚，有楚亭。"关于"南海事楚"并未见于正史或有文物为证，只能视为传说，而楚庭（楚亭）作何解释，考者说法不一。考古并未发现有足以说明战国时在岭南存在"楚庭"的证据。今越秀山孙中山纪念碑下东南方，"百步梯"东侧，立有题额为"古之楚庭"的石牌坊。此坊始建于清初顺治元年（1644），重建于同治六年（1867），题额落款"同治六年岁次丁卯孟春吉旦众善信捐资重建"。可见其只是采用传说中的民间行为，不足为证。

相较羊城、楚庭，南武城一说出得迟，明嘉靖四十年（1561）黄佐修《广东通志》载："广州城，始筑自越人公师隅，号曰'南武'。后任嚣、赵佗增筑之，在郡东，周十里。"按此段记载，是说广州城最初由越国人公师隅创筑，当时建成的城池名为"南武城"，后来由任嚣、赵佗在南武城基础上增筑城池。

不过明志记述远古的事，也有糊涂笼统的，即如崇祯《南海县志·官师志》记载"秦南海尉为屠睢、任嚣、赵佗"，然而历史上秦尉屠睢死于粤西疆场时，粤地尚未建郡县，何来"南海尉"？著名考古学家麦英豪依据广州古城区迄今的考古发现，认为秦之前广州城称南武城、楚庭各说均无考古依据，且楚庭说是附会之说，也不可能有越相公师隅到岭南筑南武城之事。

先秦及汉古籍中的"南海"，实指今之东海。例如《左传·僖四年》载，齐伐楚，"楚子使与师言曰：'君处北海，寡人处南海，唯是风马牛不相及也'。"这里所说"南海"即指江南地区。

而南武城之称，早在春秋战国时期就有之。各地称南武城的有若干处，其中官方认定山东平邑县为曾子故里南武城所在地，2013年平邑县南武城故城遗址被公布为全国重点文物保护单位。还有早于平邑南武城的，是春秋吴地的南武城，址在娄县（今江苏省昆山市西北）。《汉书·地理志》"会稽郡·娄县"条注，娄县"有南武城，阖闾所起以候越"。越王勾践曾被迫到吴服侍吴王阖闾，阖闾故筑地武城监视越人，娄县的南武城便是因此所筑。不过这也让岭南的南武城和它扯上了关系。《读史方舆纪要》"广州城"引注：

> 《旧图经》：广州州城始筑自越人公师隅，号曰"南武"。
> 《吴越春秋》：阖闾子孙避越岭外，筑南武城。后楚灭越，越王子孙避入始兴，令师隅修吴故南武城是也。

从时间上看，始兴郡置于三国，《吴越春秋》撰于东汉末，那时还未有始兴郡。现在见到的《吴越春秋》是元大德年间刊本，当为后人添加文字，这一说法缺乏可信度。但历史上公师隅实有其人，古本《竹书纪年》中有魏襄王七年（前312）越王派公师隅出使魏国通好的记载，而《淮南子》《史记》均无只字述及公师隅到岭南筑南武城的事。所以公师隅本人在广州筑南武城之事并无可靠的文献依据。钱穆在《再论楚辞地名答方君》中说，古人迁居"往往以故地名新邑……挟故乡之旧名，以肇锡兹新土"。南武城会不会是越之后人"以故地名新邑""克隆"出来的呢？

关于南武城之名，还有一种说法。《读史方舆纪要》"广州府"

在"秦置南海郡，后赵佗据其地"句后有注："《图经》云，尉佗僭据，改南海为南武，自称南武王。谬。"南越国所设郡县确有变革，如将秦象郡分置为九真、交趾两郡。赵佗立南越国初时，自号"南越武王"，一度自尊号"南越武帝"，或将首郡改称南武郡，郡城就有称南武城之可能。可惜《读史方舆纪要》所载赵佗改南海郡名之说未见他处，难为史家所采。

在广州的羊城、南武城、楚庭这些别称中，羊城之称源于一个古老而美丽的传说，寄托着广州人民的美好愿望，又有着五彩缤纷的场景，故而得以为当地津津乐道，流传广泛，并成为使用最广的广州别称。南武城之称有三种说法：一是将北地之南武城张冠李戴地移至岭南；二是上古至岭南的移民将其原居地地名用于移居地之称；三是曾自尊为"南越武王"的南越国国主赵佗将南海郡改称南武郡，郡城称南武城。楚庭则是对先秦时岭南臣服于楚国的官署或标志性建筑的称呼。至今，南武城说、楚庭说在考古发现、文献记载上都未得到确证。

番禺之称渊源是什么

广州地区最早的地名为番禺，关于这一名称何来，有多种说法。

在先秦以前的各种史料记载中，与岭南相关的地名有"扬越""陆梁"等。《史记·南越列传》载："秦时已并天下，略定扬越。"战国时代的扬越，范围广大，涉及今两广、两湖及江西部分地区。陆梁则是泛称，或说入岭之道为梁。除扬越、陆梁外，与广州直接相关，且有文物和文献可证的可靠地名，当推"番禺"。

先证之文献。最早出现地名"番禺"的文献，是西汉初淮南王刘安及其门客所著的《淮南子·人间训》。书中说到秦平岭南，分兵五路，"一军处番禺之都"。不过，这里说的"番禺之都"是否就是处于岭南腹地之番禺，学界尚未取得共识。之后司马迁在《史记》中也多次提到番禺。如"南越列传"中，借南海郡尉任嚣之口称"番禺负山险，阻南海"，说明番禺为秦南海郡治所，展现其地形之利；汉武帝决策平越，分兵"咸会番禺""楼船居前，至番禺"；"东越列传"述闽越王在汉平越中阴持两端，"及汉破番禺不至"；"货殖列传"有称"番禺亦其一都会也"之一段记述。《汉书·地理志》"南海郡"注："南海郡，秦置。秦败，尉佗王此地。……番禺，尉佗都。"从历史文献上可知"番禺"之地名在秦平岭南之前已存在，从秦平岭南推行郡县制起即用于行政区划名。

再证之文物。在广州的秦、南越国考古发现文物中，多次出现"蕃禺"字样，"番"字多写作"蕃"。例如，广州西村石头岗一号秦墓出土漆盒，盒盖面烙有"蕃禺"二字，广州南越王墓一鼎盖刻画"蕃禺，少内"字样，鼎腹刻画"蕃，少内"字样，一鼎沿刻画"少内，蕃"字样。最可为证的是，南越宫苑大型石构蓄水池池壁石板上刻有斗大"蕃"字，而这样的字在砖铭上发现更多。除此之外，广州天河区沙河顶东汉砖室墓墓砖侧面模印"番禺丞"三字，广州番禺区钟村镇屏山村东汉砖室墓墓砖上有"番禺男□（永）初五年十月子""番禺都亭长陈诵"等铭文，就连香港九龙李郑屋村东汉砖室墓墓砖上都有"番禺大治历""大吉番禺"等字样，可见东汉时地名"蕃"字已去草头，香港属番禺县辖境。

其实，"番禺"一词，最早并非用于地名。《山海经·海内经》称："帝俊生禺号，禺号生淫梁，淫梁生番禺，是始为舟。"帝俊是上古天帝，番禺是天帝之孙。此处"番禺"，学者解释有人名、部族名二说。

将番禺与地名联系起来，要从同音假借说起。《山海经·海内南经》载"桂林八树在贲禺东"，《山海经·南山经》载"南禺之山"。学者解释"贲禺""南禺"，有说"即番禺"，贲禺与番禺同音假借；也有说"非番禺"。吴凌云《关于番禺》提出，在古文献及出土文物中，"贲禺、番禺、番隅、蕃禺互用，正说明了语言产生于文字之前，地名也很早就有了。但至于表达何意，则难以确定哪一个更准确"。

北魏郦道元在《水经注·浪水》中将"贲禺"与番禺县名更直接地联系起来："浪水东别迳番禺，《山海经》谓之贲禺者也。"

至于县名冠称"番禺"何解，众说纷纭，大致可归纳为这几类说法：

一是由山得名。此说又分为一山得名与二山得名。前者如《水经注·浪水》所说："今入城东南偏有水坑陵，城倚其上，闻此县人名之为番山。县名番禺，傥谓番山之禺也。"后者如唐人类书《初学记》引南朝刘宋沈怀远《南越志》所说："番禺县有番、禺二山，因以为名。"亦如，《大清一统志·广州府·番山》称："《后汉书·地理志》：'番禺县以有番山、禺山得名。'"经查，今本范晔《后汉书》无此条目，《大清一统志》引的当为范晔之前谢承所著的《后汉书》。

尽管上面引文所说的是"县内有番、禺二山"，但此二山是否在番禺城内，学者又有不同看法，对城内番山、禺山的位置也说法不一。

二是以古代区域之称释名。据《周礼》"九州之外谓之蕃国"及尹知章注《管子》"禺，犹区也"，可释番禺为"岭外蕃国蛮夷之地"。

三是考南方古语释名。曾昭璇《番禺地名考》称番禺是古越人土语：

> 按壮语可汉译为"越人的村"。按古越语，如由《越绝书》所记古音，"番禺"可译为"咸村"，因古越语音"番"即村，今黎语仍用；"禺"即"盐"或"咸"之意，即广州古代已为盐水或咸水到达的村落。
>
> 无论是"越人村"或"咸村"均表示番禺是先秦时代的南方聚落，所以，番禺是南方最古老的地名之一。

秦在南海郡中设番禺县，北方设盩屋县。屈大均《广东新语》说："北人不识番禺，南人不识盩厔。""盩厔"音"周至"，是陕西土语，取自李吉甫《元和郡县图志》"山曲曰盩，水曲曰厔"，但因太难识别今改作"周至"。"番禺"则特殊在读音上，尤其是"番"字。"番"字有多种读音，北方人多误读"番禺"之"番"为"fan"。其实，《汉书·地理志》在番禺地名下已注明"如淳曰：番音潘，禺音愚"。如淳是东汉学识渊博的学者，他的话说明时人已注意到"番禺"读音的特殊。

四是图腾、部落（联盟）首领、古国号称。何科根《"番禺"考辨》提出，"番禺"一词由两个水生动物的名词连缀合成，以其父系与母系的标识物贲龟与虎鲛合成命名，形成灵龟与大鲛鱼托举大地的意象。此两种动物后来被抽象为"海神"的意义。以"番禺"命名地名，乃是人们对海神的崇信。越族先民托赖海神"番禺"驾驭海洋，创造了"番禺始为舟"的传说，为得海神庇佑，遂命名地名为番禺。

与第四种说法有联系的是，考"番禺"为南海神之名。黄鸿光《番禺考》提出，《山海经·大荒南经》所载"南海渚中有神，人面，珥两青蛇，践两赤蛇，曰不廷胡余"，考"古无轻音，不廷的'不'，应开口呼读作丕，古虽无反切，但记音有译略，速读'不廷胡余'正是'番禺'"。据说番禺是伏羲分化出来的，图腾是交蛇。广州市文物管理委员会在广州三元里瑶台汉墓木墩上发掘出一木俑，断发文身、蹲坐，为雄伟男性，左手据阳具，右手作招呼状，此即番禺神，放在墓上有祈祝子孙繁衍之意。

关于"番禺"是部落（联盟）首领、古国号称的说法，《吕氏春秋·恃君览》称："扬汉之南，百越之际，敝凯诸、夫风、余靡之地，缚娄、阳禺、驩兜之国，多无君。"这些无君之国，或许就是一些部落军事联盟。曾昭璇《番禺族源与南越国都》提出，驩头国在《山海经·海外南经》中"或曰谨朱国"。驩头、谨朱、驩兜相通，读音不同，"谨朱"即"番禺"的异译，故驩兜族即番禺族异称，疑即番禺国。吴凌云《关于番禺》认为，番禺名字来源于新石器时代晚期聚居珠江三角洲一个面水而居的越族强大部落，也有可能形成小方国，即酋邦，名为番禺国，其中心正在今广州或附近。

研究者从文献学、民族学、音韵学、地名学等许多角度各抒己见，众说纷纭。尽管目前难以定论，但在现有观点之上可以进一步讨论。

行政区划命名有一定的规律。秦推行郡县制是为了实行有效的集权统治，必然充分考虑民族（部落分布）、地理因素。秦在岭南，是以针对先秦岭南地区部落联盟分布格局为前提而设立三郡的。南海、桂林、象郡三郡区域，分别对应于南越族、西瓯族、雒越族集中活动区域。从秦平岭南的进程以及后来南越国的政治、军事活动看，这一分郡有其内在原因。三郡地域广袤，郡名似取自地理因素，南海郡南临大海，桂林郡桂树成林，象郡向来盛产大象。至今，地理仍为行政区划命名的一大因素，例如今广州市十一区命名，除了番禺、增城、从化区之外，有七区是直接以地理因素（方位、山水）命名，需要说明的是花都改自花县，县名取自花山。

秦在岭南置县，命名因素与设郡相同，与部落、地理关系密切。秦在岭南置县确知的，只有番禺、龙川、博罗三县。此外，位于南海、桂林郡交界处的四会县郡属有不同说法。揭阳县始置于秦还是南越国有争议。但取设县名的地理因素明显，如四会为四水会集之地，揭阳位于揭岭之阳，龙川位于水畔，博罗则取自部落或方国之称。

那么，秦置县以"番禺"命名何解？上述四类说法中，古语说只释单词字义，范围过窄，未必适合如此广袤之地；区域释名，九州之外则范围似过宽；部落联盟（方国）或地理（山名）的可能性更大。

要印证这一点，除了文献、文物佐证之外，还应考虑推理的逻辑性。如《秦初始建番禺城　三国改名叫广州——2200多年前依傍番山、禺山建城，史称"任嚣"城，汉代辖地包括今广佛深港澳等地》称：

> 广州古称番禺，番禺之名的来源有多种说法，其中"二山说"最主流：即番禺之名源自"番山"和"禺山"。……任嚣决定将郡治设在此地，依靠番山、禺山修建"番禺城"，历史上称为"任嚣城"。

这段话从逻辑上来说不太清晰。首先，广州与番禺是不同的区划概念，广州设立时就包括南海郡，当然也包括番禺县，所以不能说"广州"古称"番禺"。其次，作者对广州城内番山、禺山位置，虽有不同指认，但都不在历史上的任嚣城范围内，谈不上任嚣"依靠番山、禺山修建'番禺城'"。再次，"任嚣城"作为一座城池，其辖地怎么能"包括今广佛深港澳等地"呢？此外，任嚣建城在秦始皇三十三年（前214）之后，对于短命的秦朝来说，说不上什么"秦初"。

可见历史讲真之不易。

回到所谓番禺城内有番山、禺山或依靠番山、禺山建城之说，一方面是将县名释源缩小到县城释名。从时间上看，番禺立县先于县城之建，不太可能先为县城命名再为县命名。史籍对此事的表述都很严谨。如《初学记》引《南越志》谓:"番禺县有番、禺二山,因以为名。"再如《大清一统志·广州府·番山》引称:"《后汉书·地理志》:'番禺县以有番山、禺山得名。'"二者说的都是县名来由。更何况番禺城最早的任嚣城(另于本书《何处任嚣城址?》讨论),城址范围也未能括入后人所指广州城内番山、禺山。

另一方面秦置番禺县范围广阔,如果说县名番禺由县境番山、禺山而来,此二山肯定是高大山峰。对此,前人早有疑问。《广东新语》"三山"条目云:

> 番、禺之山甚大,故秦汉时以广州之地总称番禺。不然者,城中之番、禺二小山特培塿耳,昔人合之以名广州,其义何居?……则白云、罗浮皆可名番禺也。

屈大均提出番山、禺山应是大山的观点是有道理的。反观番禺城内番山、禺山各说,都是为了附和番禺城依番禺二山而建引出的,难免指向混乱,引起争议。

再从取名部落的角度说。秦平岭南时立番禺县,将此地定为南海郡治,在此设"东南一尉"典守岭南三郡。由此看来,此地区在秦兵入粤之前极可能存在一个规模相当、对岭南有极大影响力的部落聚居地,导致秦在此驻兵建城。近年来对广州城区及周边的南海西樵山、流溪河流域、增江流域,乃至黄埔陂头岭、增城金兰寺、高明古椰、东莞村头、深圳大梅沙、咸头岭与屋背岭等遗址的考古发现,越来越清晰地显示出"番禺"这一岭南中心地的历史面貌,为番禺立县提供了充分的历史证据。陈春声在"广东发展史"讲座中提出:

大量的考古发现很清楚地向我们展示，过去被称为"番"或"蛮"的岭南古越族地区，其原生文化可能是更为接近东南亚乃至南太平洋族群的文化，其文明程度并不比黄河流域和长江流域逊色。在新石器时代，甚至是旧石器时代，生活在番禺及其周边地区的南越族很可能已经建立过古国或方国，拥有自己的文明和礼仪制度。"番禺"或"蕃禺"很可能就是部落联盟、古国甚至方国的名称。只是在以中原为中心的历史观里面，这里的文化不被接纳，而且中原文明传到南方之后，早期没有文字记载的大量古越族历史文化信息被汉字掩盖了。现在只能根据一些图像和仪式，臆测当年包括今天番禺在内的广东地区人们的生活状况。

这些观点对理解秦番禺县的选址及取名背景有着重要的帮助。

番禺是广州地区最早的地名，文献中最早见于西汉的《史记》，文物可见于秦代、西汉南越国的出土实例。此称名的由来众说纷纭：有说源于人名、部族名，如《山海经》所述的"淫梁生番禺"；有说源于地名，如《山海经》说的"桂林八树在贲禺"为同音假借之词。至于番禺县之得名，有由山得名（从而引出番山、禺山在何处的讨论）、古代区域之称得名、南方古语音译得名、岭南古国名或部落首领、图腾得名等说法。研究者从文献学、民族学、音韵学、地名学等多角度进行研究，迄今未得出公认的定论。

秦平岭南军事未解之谜

　　广东古史文献越往前越为稀少，对秦平岭南的相关记载尤为罕见，导致秦进军岭南的基本进程有不少未解之谜。

　　汪廷奎主编《广东通史》（古代上册）对秦平定岭南这段历史有简单记述：

> 　　秦王政二十五年（前222），秦军60万灭楚，"因南征百越之君"。次年，秦疆域已"南至北向户"，基本上占领了岭南地区。率秦兵逾岭的将领是屠睢。其进军岭南的部署与规模，见于《淮南子·人间训》……

　　秦平岭南的军事行动分东西两线展开，东线顺利占领了闽越和番禺的都会；西线遭到越人强烈反抗，战事反复数年，屠睢丧师殒身，任嚣和赵佗继任统兵，终于在秦始皇三十三年（前214）基本结束战事，岭南底定。

　　根据此处交代的背景，秦平岭南战事的发起，应是随秦大军灭楚而来。据《史记·秦始皇本纪》所述，秦将王翦率六十万大军灭楚，此时楚都已迁到寿春（今安徽寿县）。楚亡，秦军紧接着"南征百越之君"。此后，"王翦遂定荆江南地，降越君，置会稽郡"。会稽郡治吴，即今江苏省苏州市。据《史记·王翦列传》，一年后，王翦之子王贲与部属李信率兵破定燕、齐地，分灭楚之兵北上。此时南征的"百越之君"，是长江流域之越，为楚江南地，但史籍未见王翦进攻岭南的记载，更不要说南征秦军的将领屠睢、任嚣、赵佗了，这时的他们还名不见经传，军衔不高，与王翦关系也并不明确。

尽管《史记·秦始皇本纪》中对这场平岭南战役未作具体记述，但我们仍可从其他史籍中探寻一二。今时常被引用的文献有《淮南子·人间训》：

> 秦皇又利越之犀角、象齿、翡翠、珠玑，乃使尉屠睢，发卒五十万，为五军：一军塞镡城之岭，一军守九嶷之塞，一军处番禺之都，一军守南野之界，一军结余干之水。三年不解甲弛弩，使监禄无以转饷，又以卒凿渠而通粮道，以与越人战，杀西呕君译吁宋。而越人皆入丛薄中，与禽兽处，莫肯为秦虏。相置桀骏以为将，而夜攻秦人，大破之，杀尉屠睢，伏尸流血数十万。乃发适戍以备之。

此外，《汉书·严助列传》记述刘安上书汉武帝，谏阻用兵南越国时，也有类似的一段话：

> 臣闻长老言，秦之时，尝使尉屠睢击越，又使监禄凿渠通道，越人逃入深山林丛，不可得攻。留军屯守空地，旷日持久，士卒劳倦，越乃出击之。秦兵大破，乃发适戍以备之。

除以上两种外，《史记·平津侯主父列传》所载汉武帝在位时期说客主父偃的一段说辞，也常为论者所引：

> 又使尉佗、屠睢将楼船之士，南攻百越。使监禄凿渠运粮，深入越。越人遁逃，旷日持久，粮食绝乏。越人击之，秦兵大败。秦乃使尉佗将卒以戍越。

虽然史籍如此记载，但刘安自云信息来自传闻，说明此事当时未见于文献。他说的是一场百年前的战争，出自阻止对南越用兵的动机，不免有血腥渲染之辞，如说越人夜袭秦军，秦军"伏尸流血数十万"。历史学家吕思勉在《〈秦代初平南越考〉之商榷》中指出：

> 淮南此文（按：指《淮南子·人间训》），全不足据。盖古代文字用少，事多本于口传，古人又轻事重言，于事实不求审谛。故其传述，往往去事实甚远，此固不特淮南为然。求若存若亡之事，于文献无征之年，此等材料，诚不能舍而不用，然其用之，则非十分谨慎不可，此则凡治古史者，皆不可以不知此义也。

将《淮南子·人间训》与主父偃说辞互证，二者共同之处为：率兵秦将尉屠睢；秦军深入越地后战斗"旷日持久"，曾遭大败；监禄凿灵渠为军队运粮之道。不同之处在于，前者称兵分五路，后者称"将楼船之士"，还点到尉佗之名而未及任嚣。

1998—2000年，在《羊城今古》"争鸣园地"栏目上，接续刊载了一批争鸣文章，讨论双方往来的七篇，辩论主题是秦平岭南之役是"伟大的和平进军"还是"激烈的征战"。双方各执一词。

时任《羊城今古》主编的陈泽泓撰文《秦平南越问题争鸣随感》，提出彻底解开秦平南越之谜，除了考古新发现，还须借助各学科综合考察，未有确凿定论之前，要允许各说并存。

《史记》将北征匈奴、南平南越，相提并论。《汉书·严安列传》也有"秦祸北构于胡，南挂于越"的说法。对于致力一统天下的秦王朝来说，北击匈奴与南平南越具有同等重要的战略地位，但这并不等于要采取同一战略，毕竟匈奴与南越的军事实力大不相同。《史记·秦始皇本纪》称，秦始皇三十二年（前215）"使将军蒙恬发兵三十万人北击胡，略取河南地。三十三年发诸尝逋亡人、赘婿、贾人，略取陆梁地。为桂林、象郡、南海，以适遣戍"，"三十四年适治狱吏不直者，筑长城及南越地"。

由此可见，秦北击南征近乎同时。只不过北击匈奴，蒙恬所部是久经沙场的30万武装部队，南取岭南，则遣发的皆是些触犯秦律之罪徒，这一杂牌军的数量也不明确。至于南攻百越的军队数量，《淮南子·人间训》说是"使尉屠睢，发卒五十万"；《汉书·平津侯主父列传》则称"使尉佗、屠睢将楼船之士"；而《史记·秦始皇本纪》所说的"尝逋亡人、赘婿、贾人"，显然不是训练有素的楼船之士。据此推论，《淮南子·人间训》所谓50万之数，或者包括后勤人员。此役所谓"发卒五十万""伏尸流血数十万"，数字明显夸大。据《汉书·地理志》统计，直到秦平岭南200多年后的西汉末年，岭南地区不过39万人口。地方上绝无供应50万军队粮草军需之能力。入粤某一方向的秦军分支，更不可能以50万计。今人偏有在记述秦平岭南这一时期各地情况中，动辄言"五十万大军"者。又如述及方言发展史时，从西江流域到韩江流域，都说是50万秦军的影响。还如称"五军所处之地，系对西瓯的包围圈"云云。将此孤证数字过分使用，不利于学术研究。何维鼎经过认真考证，估算入岭秦军数量在10万左右，可能更加符合实际。

除了秦军人数，究竟是谁领兵，也值得一论。入岭秦军带兵的将领，点名道姓的有屠睢、任嚣、赵佗三位尉官。尉属武官，秦国曾以国尉为武官之长。统一天下后，秦朝中央设太尉，县郡设尉掌县郡兵政。先说屠睢，《汉书·严助列传》引张晏注曰："郡都尉，姓屠名睢也。"据辛德勇《秦汉政区与边界地理研究》考：

> 长沙及其所更名之苍梧郡，是这次进攻岭南的前沿基地。所以，当地的军事首领，有资格担当指挥主攻部队的职责。张家山出土秦《奏谳书》记始皇二十七、二十八年时，苍梧郡尉名徒唯，且涉及大量征发"新黔首"以击"反盗"之事。所谓"反盗"，与《淮南子》所记越人散处山林以反击秦军事相合，故颇疑此"徒唯"即《淮南子》所记"屠睢"。盖"徒""屠"同音，"唯""睢"则形似音近，都很容易混淆致讹……从时间上看，他也有可能就是秦《奏谳书》中的徒唯。

如此一来，屠睢有可能在出兵岭南前，任苍梧郡郡尉，而秦军是在苍梧郡境内开灵渠。秦平岭南后，任嚣任南海郡尉，仍为武职；赵佗任龙川县令，已转文官。两人分别为郡、县官员。然则三位入粤尉官从职级上看，都不具备统率南征大军的资格。也有研究者认为，平岭南是秦军南征的延续，统帅仍是王翦，秦军分五路驻守五岭，乃战役之初分兵把口，并非全面进攻。进入岭南，是分兵而行，各路统领。

从史籍记载及考古遗址推知，秦军入岭南至少有以下三路：

一是西线。此路从灵渠的开凿可知，粮草供应当随军队。杨

式挺等人在《广东先秦考古》中提出:

> 广东先秦铜器墓中常见剑、匕首、钺、镞等武器,而且在青铜器中占有较大比重,因此,可以认为当时的酋邦属于军事酋邦。

> 大量青铜兵器的出现,是这时期考古学文化最为突出的特点之一,它标志着武装力量的存在,也显示了方国之间战争的存在。这种现象与其说"越人好相攻击",不如说是掠夺土地资源、财富的需要。在上述的两周时期的考古遗存中,出土的青铜器中兵器占有相当数量,尤其是大、中型墓葬,随葬器物中有许多青铜武器,如剑、矛、戈、钺、镞等,罗定南门垌 1 号墓随葬铜钺达 43 件,镞有 53 件;背夫山墓也随葬铜镞 52 件,说明兵器多掌握在上层统治者手里。

从时间上看,罗定南门垌墓年代在春秋晚期至战国早期,背夫山墓年代在战国时期。这说明先秦时期粤西已有使用青铜兵器的军事组织,秦军在西线有可能受到激烈抵抗。

二是北线。据《史记·南越列传》,对于秦辟江西南逾大庾岭入广东南雄、湖南郴州越岭入广东连县之新道,任嚣临终时嘱咐赵佗采取"绝新道"聚兵自守的战略部署,可见他对粤北军事地形了如指掌,当为南征入粤亲历。同时,乐昌、始兴等地今存"任嚣城"称、清远赵佗"万人城"遗迹,可为佐证。

三是东线。赵佗任龙川县令,后接任"东南一尉"之南海郡尉,当为入岭秦军中仅次于任嚣的实力派,也说明有秦军主力之一驻防东线。《汉书·百官公卿表上》称,秦县"万户以上为令""减万户为长"。一般情况下，所辖户籍过万户才称县令；但也有几百户的县称县令，四五万户的县反称县长的，这与地理环境条件及所派长官官阶高低有关。赵佗称县令，当属后一情况。

由此可见，秦军入岭南的三条路线基本属实，但对于久远历史，除了文献、考古互证之法，还有常理、常识推证之法。《史记·淮南衡山列传》中谋臣伍被劝诫刘安时说：

> 又使尉佗逾五岭攻百越。尉佗知中国劳极，止王不来，使人上书，求女无夫家者三万人，以为士卒衣补。秦皇帝可其万五千人。于是百姓离心瓦解，欲为乱者十家而七……不一年，陈胜吴广发矣。

此一万五千"女无夫家"之事实在吊诡，清人梁玉绳《史记志疑》已指为伪。淮南王传称其事发生在陈胜起义（前209年）之前不到一年。《史记·南越尉佗列传》中记述的南海郡尉任嚣对赵佗的临终嘱托也提及陈胜吴广起义之事。依此，赵佗上书朝廷请求调拨随军女子时，大概率仍在龙川县令位上，那么请示军队配伍之事就属于越级行为，更何况他此时已不是武职。就算此事当真，以文书万里往返，再征掠万余无夫之女离乡背井，于秦二世之乱世，遣送岭南，时间之久，路途之远，遣送兵力之众，也经不起推敲。可见伍被之语经不起推敲。然而，秦廷调拨万余女子南下为秦军服务的说法，却被今人广为引用发挥。如《广东通史》（古代上册）称：

> 这一批因特殊需要调拨的女子，身份与谪徙民不同，她们会同留戍三郡的秦军官兵婚配，逐渐组成小家庭。

又如《关于在龙川建造"秦城"古文化区的建议》中提出的考察结论：

> 历史记载任嚣、赵佗率领50万大军南下征讨岭南，但都没有这批大军下落的记载，……这个两千多年不解之谜，我们都在这次考察中找到了答案，这就是在佗城曾有140多家姓氏宗祠的历史，而且现在仍存数十家姓氏宗祠的残址。这些宗祠，不就是这批大军在此安居下来，繁衍后代子孙的历史见证吗？……这个发现，还意味着现在已受到举世公认的从唐代开始的南雄珠玑巷移民史，还可以因此而提前近千年。由此，这里又具有开创岭南姓氏文化的历史意义。

此外，纪录片《消失的古国——南越国》中也有学者谈及赵佗上书秦始皇，获准15,000妇女随军，龙川今百余姓是赵佗主龙川的结果。唐代龙川进士韦昌明《越井记》："秦徙中县之民于南方三郡……而龙有中县之民四家。昌明祖以陕中人来此，已几三十五代矣。"这是现存最早的与龙川有关的历史文献，作者韦昌明是入粤"中县之民"（时称北方移民为中县人）后裔，唐代岭南第一进士，所言应可为据。面对此等证据，不得不提出如下疑问：龙川为秦军重地，唐时只有四家"中县人"即入粤中原人落户，那万余妇女去往何处了？龙川在唐代尚存四家中原后人，如何衍化出140多家姓氏的先人？又是如何由此作出"开创岭南姓氏文化"的结论？

虽有疑问，但秦平岭南后，岭南始入中华版图，建立郡县，并带来了中县文化强势传入，是不争的史实。同时也要看到，秦及后来的南越国时期，在岭南的"中县人"盘踞与原住民聚居的分布状态，还是点与面的关系。顾炎武在《天下郡国利病书》中所指出的"南海郡唯设尉以掌兵，监以察事而无守"的特殊地方官制和《通典》记述秦置南海尉以典三郡的特殊措施，正反映了秦朝在岭南地区的统治，很大程度上离不开军事管制。

秦平岭南的军事行动，是岭南历史上的重要事件。历史文献对此役记载不多，且语焉不详。学者对此事件研究的主要依据是《史记》《汉书》的相关列传以及《淮南子·人间训》的相关记述。文献上提及的率军入粤的秦尉屠雎、任嚣、赵佗的职级都不具备统率南征大军的资格，有可能仍是秦征楚主帅王翦分兵把口、分路进攻。从史载及考古遗址推测，至少有三路入岭。而据研究测算，南征秦军人数不是《淮南子》所说的50万，当为10万左右。《史记·淮南衡山列传》所说的尉佗上书秦皇帝得15,000女无夫家者"为士卒衣补"之说亦不合史实。

任嚣身世探谜

　　任嚣是接任屠睢并完成平定岭南任务的秦军统兵将领，也是古代在岭南的首位主政长官。他是岭南古代史上一位十分重要的人物，但其传却不见于正史，只能以志籍资料补史之缺。

　　在最早的广东省志，明嘉靖戴璟纂《广东通志初稿》中，任嚣是"名宦·将略"篇首位列传人物，记述简略，仅百字：

　　　　秦任嚣，秦始皇将也。始皇帝遣王翦平百粤。南尉屠睢为粤人所杀，乃拜嚣南海尉。嚣能和辑粤众，粤人皆附。二世时，诸侯起兵诛无道秦，嚣筑城隍处以遏寇虐，保障其民，以付赵佗。天下大乱而南海晏然不被兵革，嚣之力也。

　　而在黄佐主纂的嘉靖《广东通志》中，"任嚣传"升格于"列传"之首，对任嚣身世未有补充，内容却增述其进军南越时采用智谋取胜的事迹："择其楚产者俾谕，粤人以为楚非为秦，而相度寻陬屯兵次舍，不敢遽进。粤人渐出听命，嚣乃前至番禺居焉。"他从士卒中选择楚人向粤人传达谕令，粤人以为是楚军而不知道是秦军，不再贸然进扰，于是寻找地方屯兵藏身。此后粤人渐渐出来听从指令，任嚣因此得以顺利进军到番禺并驻扎下来。

黄佐此说，似乎出于广州古为楚庭的传说。从楚越交界上说，楚人与越地交往应在先秦已有之，当地人应该容易接受些。

除了以上内容，任嚣是哪里人，生死于何年，出身及入粤前的经历，在史志中均是空白。他出现在《史记》上的最初身份是平岭南秦军之尉官，给后人留下不少推测空间。

任嚣有雄才大略，在岭南的生平事迹，大体说有三件大事：一是完成平定岭南大业；二是任南海郡尉，掌三郡事，守土辑民有治绩，创建郡城，为广州城建史之开端；三是交班给赵佗，授以策略。《广东通史》（古代上册）说："任嚣的遗言遂成为南越立国的基本方针。"唐代诗人许浑出使广州登尉佗楼，赋七律诗盛赞赵佗开越之功，有"南来作尉任嚣力"句，高度评价任嚣在开越历程中扶助赵佗的关键性贡献。

据史料记载，秦尉屠睢被西瓯越人杀死后，任嚣及赵佗率兵继续进军岭南。他们采取"和辑百越"的方针，凿通灵渠保障大军补给，终于在秦始皇三十三年（前214）平定岭南。自此，岭南地区并入大秦版图。

尽管秦征岭南是事实，但是任嚣率军入粤存下军事遗迹仍旧成谜。

《水经注·溱水》记载：

> 泷水又南出峡，谓之泷口，西岸有任将军城，南海都尉任嚣所筑也。嚣死，尉佗自龙川始居之。东岸有任将军庙。

《广东新语》也有类似记载：

> 泷口东岸，有赵佗古城。佗昔自王，首筑此以扼楚塞。

> 盖以秦新道惟此泷中最险，彼北从湞水、西从漓水以入者，
> 险皆不及泷口。

　　两处记述的细节有值得推敲之处，但此地的确筑有上古布防据守的城堡遗迹。泷口位于今英德瀓江与北江交汇处，是由越骑田岭入岭南往番禺的水路主要通道，番禺北部的门户。距城址四百余米的大拱坪村后山秦汉墓葬，出土有铜剑、铁剑、铜镜、珠饰等丰富器物，说明居于此处有武官、贵妇人。泷口东岸的任将军庙，是后人纪念任嚣的古迹。

　　秦始皇三十三年（前214），秦平岭南推行郡县制，设立南海、桂林、象郡三郡。依秦定制，郡设行政长官郡守、军事与治安长官郡尉、专职监察官郡监。然而，南海郡不设郡守，任嚣为首任郡尉。《晋书·地理志》记载，对岭南三郡"乃置南海尉以典之，所谓'东南一尉'也"。典，作主持、掌管解，则任嚣掌管了三郡郡事。皆因岭南初平，南下中县人居于少数，需要军队出面巩固地方政权，有类"军事管制"。据《南越国史》推算，赵佗在西汉高祖刘邦三年（前204）称王建国，任嚣于此前主政岭南不到10年。

　　任嚣在南海郡的政绩为粤人传颂。《广东通志初稿》中，"嚣能和辑粤众，粤人皆附"一句，说明任嚣在强秦暴政的大环境之下，在岭南新辟之区推行了怀柔政策，推进民族融合，人心归附。《广东新语》将任嚣与秦威镇北方的名将蒙恬相类比，称：

> 嚣至，抚绥有道，不敢以秦虎狼之威复加荒裔，于是民夷稍稍安辑。当是时，秦北有蒙恬，威詟漠庭；南有任嚣，恩洽扬越。而始皇乃得以自安。

公元前209年，秦二世继位，这年爆发陈胜吴广起义，是引爆各种社会矛盾的导火线，随之天下大乱。此时，任嚣在南海郡尉任上已五年，稳固了秦在岭南的统治，对局势了然于胸，对未来走向有所考虑。《史记·南越尉佗列传》记载了他召见赵佗授以策略并交班之过程：

> 任嚣病且死，召龙川令赵佗语曰："闻陈胜等作乱，秦为无道，天下苦之。项羽、刘季、陈胜、吴广等州郡各共兴军取众，虎争天下，中国扰乱，未知所安。豪杰畔秦相立，南海僻远。吾恐盗兵侵地至此。吾欲兴兵，绝新道自备，待诸侯变。会病甚。且番禺负山险，阻南海，东西数千里，颇有中国人相辅，此亦一州之主也。可以立国。郡中长吏无足与言者，故召公告之。"即被佗书。

任嚣作出封闭岭南与中原的通道，割据自立的战略决策，是出于政治家的深思熟虑。如黄佐《广东通志》在任嚣传后赞叹：

> 嚣借楚以入粤，其智谋与项氏相类，而占天象叶人谋，使岭表免于兵革，岂非仁哉！

又如，南宋方信孺《南海百咏·任嚣城》引述《南越志》所载：

> 尉仟嚣疾笃，知己子不肖，不堪付以后事，遂召龙川令赵佗，谓之曰："秦室丧乱，未有真主，吾观天文，五星聚于东井，知南越偏霸之象。故召佗授以权柄。"

这一说法为任嚣的善观形势套上一个神秘光圈，为后人所乐道。清人朱彝尊《越王台怀古》诗中"天教霸象开南溟，宵分东井聚五星"句也可作证。至于任、赵之间如此大逆不道的私密之语，外人何以得知并流传下来，应是这记述有类文学描写。《史记》中也有类似这种手法的记述。因此，这种私密之语能入志籍，在一定程度上合乎逻辑和实际。不过，"知己子不肖，不堪付以后事"的说法似属无稽之谈，须知秦朝官员将官职（何况是武职）私授于子，于律不容。任嚣在病危之际让赵佗"署"南海尉，除了因赵佗时为其辖下职务最高者，更应因赵佗手握重兵，占据要地。赵佗与任嚣同为入粤秦军之尉，且属同一支系部队，任嚣入主番禺后，才有可能由赵佗接管其泷口军事据点。任嚣把权力移交给赵佗，历史证明其选人不误，赵佗果然不负所望。

从《史记·南越尉佗列传》所载任嚣于"病且死"时召见赵佗说到"闻陈胜等作乱"，可知其死亡时间当在公元前209年七月（陈胜起义）之后不久。

对于任嚣这位开辟岭南的功臣，为人所关注的除了其籍贯何方，还有墓葬状况。

任嚣死后葬于番禺。《元和郡县图志》记载，任嚣墓"在南海县北三里"，说明广州任嚣墓在唐代尚存。《南海百咏·任嚣墓》诗序称：

> 《番禺杂志》云："嚣庙在今法性寺前道东四十余步，广民岁时享之，墓在庙下。"法性寺，今光孝寺也，而墓与庙已不复存。访古者犹能想象其所在。

诗序所引的《番禺杂志》，为北宋初郑熊所撰。他原是南汉国"摄南海簿"，即兴王府代主簿，后被南下宋军统帅潘美收为幕客。文中指说任嚣墓的方位具体到"法性寺前道东四十余步"，说明任嚣庙、墓在北宋初尚存。按《任嚣墓》诗所云，北宋初年任嚣墓址已是"茅屋一间无处觅"。到了明代，张诩《南海杂咏》中有《任嚣城》而无《任嚣墓》，说明此时任嚣墓已无从提起。

后人凭借《南海百咏·任嚣墓》诗序所述，指认任嚣墓址在今广州市解放北路广东迎宾馆内一个古榕环抱下约6—7米高的小土岗。这地方旧时曾称梳妆台，清初为靖南王耿继茂王府址。耿继茂驻穗9年后移镇福建，传说小土岗是因建有靖南王三妃梳妆之所而得名。时过境迁，这一带从地表上早已看不出什么墓葬遗迹。

时任民国政府广东省教育厅厅长黄麟书于1936年实地考证，认为明代广州扩城前，其地为南海县北三里之处，在法性寺（即光孝寺）前道东，"所谓四十步或者是四百步之讹"。因此，他指证此地就是任嚣墓遗存之处，并在1936年6月撰铭竖碑，以示后人。碑中记道，五六年前（即1930年前后），靖南王府被夷为平地，改建民居，郡人汪兆镛在此地拾得数片瓦当，一有"高乐"字样，字体近乎石鼓文；其他瓦当上有"郎""园""殿""左""右"字样。汪兆镛考证，"园""郎"瓦当是任嚣墓瓦当，"殿""左""右"则是任嚣庙瓦当；还考释"高乐"为秦具，"高乐秦县，今河北之南皮"，故城在今南皮县治东南，应是"任嚣邑籍"。又从赵佗是真定人推证任嚣是高乐人，此两地皆为河北省地，且相隔不远；还说，任嚣之墓不若赵佗，不须多作疑冢，因此立于地面，不像南越国三主赵婴齐、南汉国开国君刘龑之墓，曾被孙吴发掘。黄麟书的碑中提道："春秋诸任，分国者十。"言下之意，则任嚣也是世家之后。不知基于何史料，他还称赞任嚣治粤有德政："会

以疾甚,属其长吏:'不孤人子、不寡人妻,独人父母,仁者不为。'"碑中还说到由于时日长久而不能肯定的内容:

> 俗语不实,讹为妆楼。岂有卧侧,置此崇邱?……未入摸金,孰坚吾说?惟兹瓦当,文字实奇。绸缪刻画,似丞相斯。曰园曰殿,制侔帝者。非公是娱,畴敢僭越?

"摸金"是掘墓、盗墓的代称。此句意思是说,由于此处墓葬没有经历过发掘,是否为任嚣墓还不能确证,现在只是从瓦当上字体及内容断定此处为任嚣墓及庙之所在。可见黄麟书治学严谨之态度。

当代有学者考证认为,瓦当上的"高乐"也可能是参与建筑工程的匠人所书,署明匠人籍贯,未必是任嚣乡里。从时间上考证,河北高乐县并非秦县,而是设置于汉武帝建元元年(前140),撤销于新莽复汉三年(25),治所即今南皮县董村。任嚣死于汉高祖刘邦元年(前206),高乐立县已是在他死后66年之事。

随着考古发现,在广州出土的南越国陶文"高乐",远不止于解放北路的广东迎宾馆一处。杨豪《广州东山秦汉窑址出土陶文考释》载,20世纪40年代,在东山寺贝村(今寺贝通津)出土秦汉板瓦陶文有"高乐"字样。南越王宫博物馆筹建处、广州市文物考古研究所编著《南越宫苑遗址1995、1997年考古发掘报告》记述,在南越宫苑遗址上出土的不少板瓦上有戳印或拍印文字,"从文字内容看,可分三大类,一是官署名类;二是官署及陶工人名类;三是其他陶工人名类"。其中有一"高乐"绳纹板瓦。对此陶文,广州市文化局编的《广州秦汉考古三大发现》释为"乔乐"，吴凌云《南越国宫苑遗址出土文字辨释》考其应为"高乐"反文，"似为地名，汉属渤海郡"。"高乐"陶文见于广州东山、南越宫苑遗址出土的板瓦上，汪兆镛记述其拾得"高乐"瓦当，或因称法未尽规范而实为板瓦陶文，且可断定这一名称不是专为任嚣墓所作。

任嚣死于秦末，有学者推测西汉南越国时，因任嚣与开国之君赵佗的关系特殊，任嚣庙、墓得以大规模重修，由此，墓上建筑配件中出现汉代地名也可以解释得通。但根据板瓦文字内容的分类，这一陶文地名只能说明可能是工匠籍贯，并不能由此确证任嚣籍贯。因此，《中国人名大辞典》"任嚣"条不写明任嚣籍贯，表明了编者的慎重。

任嚣死后，受粤人崇祀。明嘉靖年间，广州知府陈锭在越秀山镇海楼东侧建南粤三君祠，供奉任嚣、赵佗及陆贾这三位有功于南越的人。此祠至清嘉庆年前废弃。

对入粤秦将、首郡长官任嚣的籍贯及入粤前经历，文献缺载。本文除了对任嚣入粤事迹做系统梳理之外，更着重介绍广州任嚣墓出土板瓦陶文"高乐"一度引起任嚣籍贯为河北高乐的说法的经过，现从考古新发现板瓦陶文"高乐"看，此"高乐"当为营造工匠的籍贯，故而不能确定任嚣的籍贯，任嚣身世至今仍是一个谜。

任嚣城址究竟在哪里

　　秦平岭南，初置郡县，在番禺县境内择地筑城，兼为番禺县治、南海郡治之所，此是历史上的第一座番禺城，为广州建城开端。主其事者为首任南海郡尉任嚣，因而后代称此城为"任嚣城"。关于广州城市起端有着各种传说，以权威文献及考古发现所证，迄今为止能够确定的最早的广州城池，就是任嚣城。

　　20世纪90年代，许多城市以"城庆"为名举办活动，彰显城市历史，提升地方知名度，推进城市发展，广州市也酝酿举办城庆活动。为此，需要先说清最早建城的时间。1996年，关于"广州到底几岁了"的争论陷入白热化。一种说法是广州建城起始于周夷王八年（前887），其依据来自与广州城市起端关系密切的五羊传说发生时间众说中的最早年份。按照这个时间推算，1996年时距广州建城已有2883年。这个数字谐音也合乎南方人讲究吉利之兆头，呼声甚高。另一种以专家为主的说法指出，神话传说缺乏考古的支持，论据不够坚实。先秦岭南还处在部落社会阶段，不太可能形成行政中心或者军事城堡类型的城市，广州城诞生之年应从整个岭南社会发展的程度、从历史事实出发去考究。同时，该说提出秦始皇三十三年（前214）秦军平定岭南设置郡县，南海郡尉任嚣在南海郡番禺县地建城，郡县同治，可以此为广州建城时间。最终，由广州市政府确定任嚣城为始建之城，这个成果在广州城市规划、广州历史文化名城保护工作中有着重要价值。

2006年，有关部门在广州市越秀区城区中心人民公园前建了一处"广州原点"标志。此处是广州市历史文化和行政、商业、交通的汇聚点，簇拥着许多历史文物单位。原本此处作为广州城市旅游文化、历史文化一处地标性打卡点不成问题，但一些媒体却偏离了历史，将这里说成是广州城址的起点。某报发表文章《广州"原点"就在这里，2200年都未变！》称："把古时0.05平方公里的任嚣城，置于今天7434平方公里的广州来看，狭小得不值一提，但广州成为千年商都和贸易大港的征程，正是从这里拉开序幕。"如此诠释"广州原点"并不准确，因为广州建城史上最早的任嚣城，其范围并未括入此地。

两千多年的历史风云，广州老城区发生了无数事件，已难寻任嚣城旧迹。将所谓"广州原点"说成任嚣城修筑处，责任不在媒体。所谓"广州建城二千多年以来，城址一直不变"的说法广为流行，对此说法中"城址不变"的理解是关键。从宏观整体上说，广州城的地理位置没有迁移，说法应当无误。但城址的具体范围却在不断发展变化，其中还有许多鲜为人知的关系，尤其是最初修建的秦任嚣城和接续兴建的西汉南越国赵佗城之间，并非原点扩大的关系。

潘安《商都往事：广州城市历史研究笔记》中说道：

> 作为岭南地区的最高行政长官，只要任嚣认为合适，他可以把他的郡城建在岭南几十万平方公里的任何地方。
> ……任嚣把这个城市做得很小，它周长只有900米，面

积不足5万平方米，是一个地地道道的迷你城市。任嚣城的面积仅是阿房宫占地面积3/4，是天安门广场面积的1/9，不到秦咸阳城遗迹考古面积的千分之一，这样的城市规模，不足以配置普通县城的基本功能。

……遗憾的是，岭南虽有南越、南汉两次立国的历史，但它们都只能在广州这个巴掌大的地方打转转，都还没有来得及思考都城问题，就被消灭了。

广州既然有两千多年的城建史，为何只在"巴掌大的地方打转转"，却又能做到长盛不衰，恐怕不是国寿加起来不过百余年的两个割据王国来不及思考迁移的问题，而是有其适应地理、政治环境和历史条件的根本原因。

任嚣城是秦在岭南初郡治所，匆促而成，规模不可能太大，且必须选址于据险而又交通方便之处。秦廷对岭南地方官设置特殊，南海郡设郡尉不设郡守，可为郡治选址条件之佐证。周振鹤《地方行政制度志》指出，作为一级行政区域的郡，并非秦朝始设，春秋时已经出现，战国时期就日见其多了，"郡的长官称守，说明其责任以军事为主，自然也都由武官来担任"。秦统一天下后，全面推行郡县制，郡一级职官设监御史、郡守、郡尉。前两者为文官，郡尉为武官，不相统属，可视为地方三权分立，分别受制于中央。岭南不按常例设官，南海郡只设独揽一郡大权的郡尉，正说明岭南初辟入秦帝国版图，还需要靠军队维稳。在这背景下建立起来的南海郡城，其功能显然更接近驻军指挥部的据点。

作为实物佐证，广西境内今存被称为"秦城"的城堡遗址，是秦军开凿灵渠及其后屯兵戍守交通动脉的遗迹，也是岭南现存最古老的城堡，集中分布在今兴安县溶江镇境内。广西壮族自治区通志馆编《广西市县概况》记述其"分布在马家渡口灵河南岸、七里圩南端约半里处，通济和太堡两村间、水街等处"，"现只遗留有不完整的城垣"。

同样，在今广东省仁化县、始兴县、乐昌市、英德市等处，也发现有秦汉时期用以辅助附近关隘的嶂寨、城堡。1958年在乐昌城郊发现一处古城墙遗址，位于北江支流武江南岸，临河高踞，当地称"洲仔"，该处是从湖南郴州经宜章到老坪石的秦汉古道必经要隘。证以《水经注·溱水》"任将军城"及《广东新语》泷口"赵佗古城"的记述，当为秦末汉初布防据守的城寨。在始兴县城西北7公里处，1984年发现的罗围村犁头嘴汉代城堡遗址，位于浈江与墨江交汇处。浈水是秦时由横浦关进入岭南的水上交通命脉。城址平面呈近三角形。城墙周长420米，东西最长120米，南北最宽70米，总面积8000多平方米。城堡内残存的平台、高台、望台和护城壕沟遗迹，是当年较完善的军事建筑。这些嶂寨、城堡，利用险要地形修筑，城墙土夯，上部均厚达2米，工程不小。秦汉筑建郡县城以为戍守，秦龙川县城和南海郡城（任罴城）既是政治、军事据点，也是封建经济、文化的开辟点，其城墙建筑规模、形制当与以上遗存据点类似。

任罴修城事属草创，城的面积很小，只设官署及一些部属居处。其具体城址，正史未载，但旧城在唐代犹存，今见最早关于任罴城规模的文献记载是唐人记载，下为曾昭璇《广州历史地理》引述："《唐坰纪略》说：'旧有城，在州之东，规模近隘，仅能藩离官舍暨中人数百余家。'这个城可能即'任罴城'。"宋代在此基础上将其改造为广州三城之东城。《宋会要辑稿·方域》对筑建东城情况有较具体记载：

熙宁元年四月二十三日，龙图阁直学士吕居简言："前知广州，伏见本州昨经侬贼，后来朝廷累令修筑外城，以无土难兴修。本州子城东有旧古城一所见存（按：可知当时任嚣城残基尚存），与今来城基址连接（按：当指以赵佗城为范围的广州子城），欲乞通作一城。"诏令广南东路经略安抚司疾速计度功料，如法修筑。

这一史事也载于元大德《南海志》："东城，熙宁初。经略吕居简得郡治之东古城遗址，始谋增筑……袤四里，壕其外，为门三。"由此可证，宋东城是在任嚣城址上重修起来的，周长只有四里，即2千米。

《南海百咏·任嚣城》诗序称：

《番禺杂志》云："在今城东二百步，小城也。始嚣所理，后呼东城。今为盐仓，即旧番禺县也。"以今考之，东城即其地。

《番禺杂记》只说任嚣城是"小城"，未作具体描述。但由《南海百咏·任嚣城》诗"今日朝台犹百尺，荒城不记旧规模"句，可说明南宋时旧城荒废，已说不清旧址规模了。诗序所说"今城"，即宋子城。《广州历史地理》称"子城东界为文溪正流所经，宋代三桥，即有两桥横过文溪"。则东城建于文溪之东，今仓边路辟于古文溪之上，旧城"在城东二百步"，宋东城城址也当在文溪之东。

此处，《番禺杂志》说旧番禺县城的旧城当时是盐仓，而今在仓边路西侧与之平行有旧仓巷，其名据称因古盐仓而留下。

2005年8月，广州市文物考古研究所在越秀区旧仓巷以西发掘出古城墙遗址，面积约100平方米，发现一段大致呈西北—东南走向9米长，经历过东汉至宋四个不同历史时期修筑的城墙。第一期为始建于东汉的夯土墙，修筑于灰黑色河滩淤沙之上，上窄下宽，残高2.8米，基础部分宽约8米，上部残损；第二期建于东晋，加宽了东汉夯土墙体，并在内外两侧砌单隅网格纹砖包边，有"泰（太）元十一年十月"（386）纪年铭文；第三期建于唐代，在东晋城墙基础上再次拓宽，基础部分以石块垒筑，上部包砖收分明显，墙垣包砖为双隅，用砖较随意；第四期建于南汉或北宋，对墙体进一步加宽，单隅砖墙包边，用砖规格统一，同时发现局部可能与马面、瓮城有一定关系的遗迹。此处城墙遗址与在中山五路发现的东汉、东晋、南朝城墙有密切联系，确定了东汉至宋代以前广州城和宋代广州子城的东城墙及东城的西城墙位置，交于旧仓巷以西，印证了任嚣城位于旧仓巷以东的说法。

由上述内容可得出任嚣城址既在文溪东又在文溪西的结论，要如何解释这一"悖论"？

宋代在这一带建盐仓，可能在两岸都有码头和仓库。由于东城番禺官衙的发展，东岸盐仓比西岸盐仓消失得早，遂只在西岸留下旧仓巷地名。《广州历史地理》绘有任嚣城图，清晰地反映任嚣城在文溪来岸而建，此图因此称名《文溪穿城入濠简示图》。今时有兴趣者不妨实地考察旧仓巷地形，巷西地面兀然高于巷内地面数米，任嚣要守住文溪下游，城西之界当推至西岸高地，而不是只以文溪东岸为界，才能制高扼险。今人考古证实后建之赵佗城东址在旧仓巷之西，正与此说吻合。

古文溪水面甚宽。元大德《南海志》记载宋元时期北接文溪的清水濠一段"阔十丈"（相当今30余米）。任嚣建番禺县城兼南海郡治所，择地北依越秀山，与山之间隔有广阔水面，形成天然城壕，在今豪贤路一线；扼文溪下游出"海"口（古称珠江为海），依山傍水，地理位置险要，又有水路交通之便，合情合理。任嚣对赵佗讲述他选择番禺城址的原因，在于其"负山险，阻南海，东西数千里"。由此可见，广州城市虽扎根于地域广袤的南国这个"巴掌大"的地点上，却成为经受了2000余年考验而长盛不衰的岭南都会，可见任嚣建城的眼光远大、决策正确。

前文提到，向来说者多称赵佗城是扩建自任嚣城，但这并不确切。赵佗城不是以任嚣城为基础扩建的，而是在任嚣城相邻的西面建起来的。更主要的是赵佗城较之任嚣城，不是量（规模）的变化，而是质（功能）的变化。任嚣城只不过是一处以军事为主的郡治政治据点，秦代郡一级衙门的吏员人数不多，何况是新设之郡，又是军事管制性质，城市建设有限。而赵佗城作为南越国国都，要容纳王室、文武百官、各种商业及手工业服务设施及人员，乃至警卫部队，城市建设并非对任嚣城简单扩大，尤其是宫苑更是须仿秦汉都制重新规划，建设规模及建筑形制远非任嚣城可比。现今设在人民公园前的"广州原点"，历史上位于赵佗城内，只是一个象征性标志，如果一定要说广州建城的城市原点，应设在今旧仓巷以西的任嚣城遗址内才是。

时至今日，人们认定任嚣城为广州城建城开端是源于对任嚣城城址认识不清，以致将其作为广州古城的中心地带，而所谓"城市原点"其实只是一个适应于旅游事业的打卡地。考之文献及考古发现可知，宋代广州三城之东城建于任嚣城遗址上，规模不大。而创建于此，附近山水环境及其后的城市发展，却印证了任嚣建城的战略眼光。

赵佗城及朝汉台有何说道

西汉之初，番禺已是全国闻名的都会，《史记·货殖列传》云："番禺亦其一都会也。"《汉书·地理志》也有"番禺，其一都会也"的记载。这里说的都会，当指番禺城。西汉初的番禺城是赵佗立国称王时所筑之城，后世称赵佗城。《史记》《汉书》对此城市的规模状况未作记述。宋《太平寰宇记》"岭南道一·广州"有"按其城周十里，初尉佗筑之，后为步骘修之，晚为黄巢所焚"的说法，过于笼统。这里对赵佗城的状况及建于赵佗城外的朝汉台作进一步考析。

赵佗城"周十里"的说法，最早出现于黄佐修《广东通志》上。该志"舆地志三·城池"称："广州城，始筑自越人公师隅，号曰'南武'。后任嚣、赵佗增筑之，在郡东，周十里。""政事志一·公署上"亦称："佗因筑五羊城，周南海郡，凡十里。""周南海郡"，当为环绕南海郡署之意。上述数据，当来自《太平寰宇记》。《太平寰宇记》是资料汇编性质的类书，因此，这一信息或载于宋前文献。

经过几十年来不断的考古发掘，考古人员对南越国都城番禺城范围逐步明确，能够相当具体地指出其四周的界限。麦英豪《广州城始建年代及其它》提出南越国都城番禺城的城址范围：

南垣大约在上述造船工场遗址（指今中山四路段）之南

约300米，即广州第一工人文化宫大礼堂东侧；西垣大约在上述造船工场遗址的西边；北垣与宋代子城的北界相近，约当今东风路以南；东垣宋时为盐仓，约今之旧仓巷处。连接四边城垣，平面略近方形，周长约5公里。

"周长约5公里"与古籍所说"周十里"正相符。

然而，随着新的考古发现，此说略有修改。黎显衡《关于赵佗城问题之探讨》提出：

越佗城的位置在今广州市中山四路与中山五路之间，东起旧仓巷，西迄吉祥路之东，南临中山四路、中山五路，北至越华路之南侧。

黎说范围四至与麦说大同小异，东西面大致相同，南北面有出入，南面出入较大，但整个范围都是很有限的，基本拘于"周十里"的说法。

关于赵佗城南垣，黎说认为其南临中山路，理由是中山路南未发现有西汉文化遗迹；麦说则认为再往南约300米。2000年在西湖路与惠福东路之间、大佛寺西面南越国水关的发现，是南越国都城番禺城南城墙已到了当时珠江边的实证。水关位置正在麦说的赵佗城南垣水平线上。据此可推，南越国赵佗城位置，当是北至越华路，南至惠福路，东至旧仓巷西侧的城隍庙，西至吉祥路东侧，略呈正方形。

赵佗城内居住什么人，城内建筑有什么功能、是什么样子？考古发现已揭开这个历史之谜。南越王宫署遗址正居于这个方形的中心。遗址北面，直到今广州大厦之南，还是宫殿区；西面，今北京路以西一带还是王宫，新大新百货商店工地曾发现南越国时期大型铺地砖砌的地面；东面，南越国宫苑的水池遗址离旧仓巷只有约100米。由此可以推断，这个周长十里的"赵佗城"是一座宫城。

过去的专家之所以将南越国都城番禺城范围认定为"周十里"，除了拘泥于对文献的理解之外，还在于对番禺城地理形势及考古状况的分析。例如，麦英豪、黎金《汉代的番禺——广州秦汉考古举要》认为：

> 广州市中心地区的地形，北为越秀山所阻，南有珠江河之隔，成一东西狭长地带。在这里若以今天北京路以东，仓边路以西为中心，就目前所知，西汉早期墓的分布在这个中心地区西边最近点是解放北路迎宾馆，东边是烈士陵园的红花岗，东西相距约2公里。这个中心区应即汉初的番禺城所在，……周回十里，似较可信。

然而，随着赵佗城范围的确定，却产生了令人疑惑不解的问题：

一是赵佗城与《史记》《汉书》所载同时代都会相比，面积悬殊甚大。赵佗城面积不到2平方公里，而《史记·货殖列传》中同列为都会的燕下都、齐临淄、赵邯郸等战国故城，考古发掘遗址面积分别为约40、16、19平方公里。

二是南越国仿长安建宫，仿西汉设官，赵佗城如何容纳得下。秦汉都城及宫室形制尚大，南越国当受其影响，已发掘的南越王国宫苑一处蓄水池面积就有4000多平方米。南越国官制仿西汉，在中央设有丞相、内史、御史、中尉、太傅以及其余文武百官。

那么，弹丸之地的赵佗城如何安得下（应该有办公及安置家属之府邸）。

三是南越王宫苑建筑材料表明南越国具有不低的建设能力，为何都城如此狭小。赵佗城建筑构件宏大，制砖技术已达到相当的水平，南越王宫遗址出土有0.95米见方、厚0.15米的铺地砖，其巨大堪称"中国第一大砖"。既然具有如此先进的建筑材料生产水平，持续近一个世纪的国都建设，城市规模还会那么狭小吗？

四是数目庞大的军人、民户，在赵佗城何以安身。作为岭南首郡南海郡治的番禺城，后来又成为南越国统治中心，原先那么多居民迁到了哪里？驻防首都的军人又居住于何处？供应宫中、百官和驻军日常必需，又有多少民工、民户要住在这里？战国齐都临淄，城中7万户，总人口当在30万以上，同为都城的南越国都番禺城人口当数以十万计以上，怎么容身于2平方公里的赵佗城呢？

问题就出在，"周十里"的赵佗城与南越国都城番禺城不是一个概念。考古发现证明，南越王宫所在的赵佗城实际上被包围在面积相对大得多的番禺城内，也就是说，方圆十里的赵佗城，只是南越国都番禺城的宫城。

作为政治中心的都城，建设有一定规制。从春秋到明清，各朝都城都有城郭之制。《管子·度地》曰："内为之城，城外为之郭。"《吴越春秋》所谓"筑城以卫君，造郭以守民。"宫城筑有城墙、城门，外郭不一定筑有郭墙。直至南朝，六朝古都的建康（今南京）外郭还是竹篱，郭门称为篱门。秦汉时期处于都城发展的初级阶段，城市总体布局还比较自由，形式多样。据考古发现结果分析，从先秦到秦汉时期，都城布局其实是因地制宜，尚未形成《考工记》的理想规制，但也已经形成了城市居民布局的一些规律。《管子·大匡第十八》载："凡仕者近宫，不仕与耕者近门，工贾近市。"特别是汉都长安的布局，对南越国还是有很大影响的，这从南越国遗址出土的陶印文官号可以得到印证。

都城建设程序一般是先宫城、皇城，然后才是都城和外郭城。南越国都城番禺城的建设，首先是岭南的政治中心和军事中心，然后才是商业和手工业集中的区域经济中心。考古发现已能作出大体描述：周长十里的"赵佗城"，实为内城，基本上是一座宫城。宫城是现在所认定的"赵佗城"，轮廓基本上是正方形，有宏大的宫苑和宫殿群，其北端有接待贵宾的越华楼。

广州市政府划定的南越国宫署遗址核心保护区的范围为：东起中山四路忠佑大街、城隍庙和长胜里以西；南至中山四路规划路北边线；西至北京路东边线；北至梯云里、儿童公园后墙和广东省财政厅以南，总面积为5.2万平方米。南越国宫署遗址由已发现的南越王官和御苑两部分组成。据考古发掘和钻探资料推测，整个遗址面积约15万平方米。目前发掘出来的只是南越王宫殿中编号为一号的宫殿（面积为1563平方米）以及另一座可能称为"华音宫"的宫殿，并有一个规模不小的苑囿的一部分，南越国的宫城建筑应该远远大于这个范围。宫城外还有宫殿，史传王子赵建德府宅就建在城外西北今光孝寺址。

宫城以外，还有外郭，或称外城。广州地区地形复杂，外郭只能因地制宜，造成城外官民居住状态的复杂性。百官衙署当在宫城之外。由于番禺城外廓广阔，广州地区地形复杂，水道交错，因此，是设藩篱为界，还是只在要害之地设立关卡，尚未得到考古证据，未可定论，但对其范围及分区情况还是可以初步推论的。宫城以外，城东及城东北为手工艺区及墓葬区，城西为王府、贵族居宅及对外交通商旅接待区，城北为中下层居住区，城西北为王室墓葬区、祭祀区和游览区，有著名的朝汉台和越王台。宫城以南至珠江边是百官府邸，珠江以南仍是居民区。

总之，南越国都城番禺城远不止"周十里"。"周十里"应指的是赵佗所建的位于番禺城中心区的近于正方形的宫城，史称"赵佗城"。番禺城则是一个有较大面积的城市，具有政治、军事中心及商业、手工业等功能，是一个生机勃勃的都会。

南越国都城建筑，显示了南越国的政治活动与南越王的政治理念。番禺城西建有"泥城"，是赵佗接待汉廷使者陆贾时所留下的地名。"泥城"一名，传神地表明了使馆以泥土为建筑材料夯建的工艺特征。秦汉延续"高台榭"之风，以三国曹操建铜雀台而闻名遐迩。春秋战国时期，诸侯大兴高台建筑，筑高台于其上建宫室，用于登高玩赏，俯览远近，监督臣民，观察天象，乃至指挥战斗，便于瞭望，利于防守。南越国筑台，不同于楚国的垒土起台，而是依山筑台。赵佗在番禺建有朝汉台、越王台。越王台多指在越井冈，即今孙中山纪念碑位置，但朝汉台台址历来有争议。

仇巨川《羊城古钞》"朝汉台"记述：

> 各《志》所载不同，旧《志》谓在郡北席帽冈。《广东通志》不以为然，谓在城西硬步，五代南汉郊天于此。《番禺县志》又谓在粤秀山西，亦曰"朝台"，圆基千步，直峭百丈，顶上三亩，复道环回，赵佗岁时登台望汉而拜。……《广州府志》及《南海县志》则又谓在北门外固冈上，汉赵佗建，与越王台相近。冈形方正峻立，削土所成，其势孤，旁无堆埠，盖茔台也。

这里所说的朝汉台位置，就有两个方位：一是"城西硬步"，即今广州市荔湾区西场附近；一是越秀山西，与"北门外固冈"实为同一处，即今南越王墓博物馆所在的象岗。从书上描述的地形看，只有"北门外固冈"相符。考西场"硬步"之台，实是南汉筑以郊天者，称"朝亭"，后人混为一谈。今人黄淼章撰文《广州朝汉台实为乌有》，依据南越王墓出土"文帝行玺"金印和"文帝九年"铜铙推论："赵佗不愿毁掉自制的武帝玺，其用意不是很明白了吗？由是观之，他是不可能在自己的都城建朝汉台的。"事实上，这一推论只是一家之言，且反映了对赵佗建朝汉台的用意未有真正了解。

其实，越王台、朝汉台两台命名殊有用意。

越王台时称歌舞冈，梁廷枏《南越五主传·先主传》载赵佗"每岁三月三日登高欢宴"，取名越王台，显摆其南越称王之姿态。朝汉台则是南越王每月初一、十五登临之处，向北膜拜，以示归汉臣服。

此两台起名，恰恰与当时赵佗对内称帝对汉称臣的历史事实相符。史载赵佗还建有长乐台和白鹿台。《南越五主传·先主传》载："又以龙川为兴王地，就五华山筑台，曰长乐。"南越国时五华地属龙川县，赵佗始任龙川县令，即龙兴之地。由此，今梅州五华狮雄山汉代建筑遗址被推测为长乐台。

《南越五主传·先主传》又载赵佗建白鹿台缘起："晚岁稍荒田猎，于临允县（今新兴县）南获白鹿，即其地筑白鹿台。时佗已百龄，识者谓鹿生百年而白，今被获，佗寿亦当止此。"说捕获白鹿意味着君主寿终，不过是他人的一种事后之语。赵佗之所以猎狩及筑台，并抓住"捕获白鹿"之事借题发挥，应当别有用意。

若是展开一张南越国行政区划图，就可以看到白鹿台背后的历史图景。张荣芳、黄淼章《南越国史》称南越国建国后，西部瓯骆所在地域实际上处于"南越派遣官员和该地越人部落首领联合治理"的状态，赵佗"变通地'令二使者典主交趾、九真二郡民'，实际上仍让'雒将主民如故'"。秦时临允县位于桂林郡与南海郡交界处，南越国时属南海郡，汉平南越后属合浦郡，三国时属苍梧郡，可见其处于一个复杂敏感之临界位置。赵佗在年届百岁之时仍不顾风尘作田猎之举，在临允县建台，借题发挥，即如秦始皇之筑望海台，用意于象征其威仪不减而能巡行至西部，正说明了南越政权有效统治的范围。

尽管朝汉、越王两台早已不存在，但若将长乐、越王、朝汉、白鹿四台建筑背景联系起来，就是一部可解南越王赵佗史奥妙之故事，四台是南越王生平历史的标志性里程碑。

总之，西汉南越国都城番禺城（又称赵佗城）"周十里"。经过考古发现，其是一个具有政治中心、军事中心及商业、手工业功能的较大面积的都城，而周长十里的城其实只是南越王宫城。宫城之外，是南越国宫署、民居、作坊、墓葬等功能区的外城及城郊。赵佗在番禺城所建的朝汉台、越王台和在粤东分别建成的长乐台、白鹿台，是具有政治符号的建筑物。位于统治中心的朝汉台、越王台分别宣示南越国王对汉称臣，对内称王的身份；位于南越国东部的长乐台是赵佗龙兴之地的标志；位于南海郡、象郡、桂林郡接界之处的白鹿台，是南越王在南越国西部宣示王威之标志。长乐台和白鹿台分别以其所在的南越国东、西方位体现其政治意义。

广州秦汉船台殿基如何定性

　　1974年，在广州中山四路地下4米多处发现一古代木结构遗址，当时的考古发掘报告称此为一处造船遗址，并在《文物》1977年第4期上发布了广州市文管处等撰写的《广州秦汉造船工场遗址试掘》。这一发掘成果引起很大影响。随后，此发现成为不少学者论及中国船舶史、航海史早期辉煌成就首选范例。有评议说此发现"轰动全国甚至震惊世界"。然而，对此考古发现的定性，从一开始就争议不断，形成"船台说"和"木构建筑说"两大观点。

　　发表于1982年，时为中国科学院自然科学史研究所造船史家周世德的硕士研究生戴开元的论文《"广州秦汉造船工场遗址"说质疑》提要称："本文从造船技术及造船史、古代建筑史等方面，对1974年发现的'广州秦汉造船工场遗址'进行了详细分析，认为该遗址很可能是古代木结构建筑遗址。"

　　2000年，在船台说论战上是值得一提的年度。同为2000年出版的广东省、广州市志书，载入此发掘成果有着不同的记述方式。《广州市志·船舶工业志》"概述"称："广州造船业始于秦代。1974年冬，在广州市区中山四路（原广州市文化局内）发现一处规模很大的秦代造船工场遗址。该工场可建造长20米～30米，宽6米～8米、载重达25吨～30吨的平底木船（编者注：对该遗址学术界尚存在争议，有的学者认为可能是古代木结构建筑遗址）。"但此志正文第一章"沿革"第一节"古代广州造船业"中，并未提及此发现。《广东省志·船舶工业志》的记载则两说并存，记述颇为详尽。文称："有的考古专家认为该处是'秦汉造船工场遗址'，该工场可建造船长20～30米，船宽6～8米，载重达五六十吨的大船。还有众多的造船、建筑、历史地理、博物馆等学者们则认为该处是古代木结构建筑的建造遗址，否定是造船遗址。"此志在志末附录《关于广州市中山四路木结构遗址的二种不同看法》，体现了存真求实的品质。麦英豪、黎金《考古发现与广州古代史》则称："造船场平行排列3个造船台"，"这处造船工场无疑是'秦乃使尉佗将卒以戍越'时修建，为这场统一战争而赶造战船。……船场的使用时间不会很长，大概当战争结束之后就再没有在此造船了。"

也正是在2000年，争论双方在广州分别召开有全国各地著名专家学者参加的颇具规模的研讨会，各抒其说。中国造船工程学会船史研究会等学术团体召开了"广州秦代造船工场遗址真伪学术研讨会"。广州市文化局组织编写出版《广州秦汉考古三大发现》，将秦代造船遗址列在与南越王宫署遗址、南越文王墓并称的"广州秦汉考古三大发现"之首。是年7月26日，中国科学院教授杨鸿勋在《中国文物报》上发表了《南越王宫殿辩》长文，论证"秦船台"应为宫殿遗址，后将此文内容融入所著《宫殿考古通论》中。他认为："所谓'木墩'之下的'枕木'、'滑板'，其实是泥泞地基的一种建筑基础。……这种基础的简易做法早见于新石器时代的河姆渡文化和良渚文化等遗址；在二里头夏遗址中，则有进一步地发展。……广州的这一秦至西汉时代遗址，则是更进一步的做法，它是将两排距离较近（1.80米）列柱的两条枋木带状基础又用较短的枋木（枕木）连接起来，使两者联合作用，从而形成一个抗不均匀沉陷的基础整体。

当年10月29日《中国文物报》刊载广州市分管文物工作的副市长陈传誉向记者发表谈话，称广州考古有"南越王墓、御花园、南越王宫殿这三大发现"而无言及船台。广州资深考古学者黎显衡在《岭南古代造船史的探讨》一文中称，对此处发现的定性寄希望于遗址全面揭露之上："专家各有不同看法，有的船史专家和造船工人，认定此遗址是造船工场；有的专家则认为此遗址不是造船工场，而是岭南干栏式建筑基础。到目前为止，中山四路的遗址仅揭开一部分（已用河沙复埋保护），没有船或船具出土，一时难窥全貌，将来若能全面揭露遗址，提供更丰富的考古资料后，也许专家们会有统一的认识。"

2008年中国造船工程学会船史研究会、中国科学院自然科学史研究所等学术团体又在广州召开了"南越王宫苑里假船台论证会"，会后于2012年出版了《"南越王宫苑里假船台"论文选集》。集中收入杨鸿勋的《宫殿压着"船台"，"船台"就是宫殿的基础》一文。

2016年9月27日《广州日报》载记者杜安娜撰《他是发现马坝人的无名英雄：86岁老人痴迷研究陨石，学界冷遇与民间收藏热潮形成鲜明对比》，说中国科学院广州地理研究所专家陈华堂"曾到现场参观考察，根据他对地貌条件的研究，这一遗址是不可能成立的"。

可见卷入这一论争的学界范围之广，波及全国，讨论激烈。

其实，在"船台"发现当年，著名考古学家苏秉琦就提醒："要尽可能把结构搞清楚，找到它的一点尽头也好，否则，对全貌和将来建博物馆都不好办——说不清楚。"

1993年，广州市策划兴建"秦汉造船遗址博物馆"，成立广州秦汉造船遗址筹建领导小组及办公室。然而，在此遗址处最终于2014年建成开放的却是南越王宫博物馆。位于南越王宫博物馆范围内的"船台遗址"未能展示出"一点尽头"，被回填保护，长埋地下，成为历史悬案。令人不解的是，近乎同时发现的同为纯木结构的南越国番禺城水闸，则不作回填保护，而是辟为博物馆，开放展览。

覆盖在船台遗址之上的南越王宫苑遗址的稍后发掘，给原来的船台说带来了影响。1986年版《中国大百科全书·考古学卷》列有"广州秦汉造船工场遗址"条目（麦英豪撰稿），称此为"秦始皇统一岭南至西汉初文帝、景帝期间的造船工场遗址"，"充分表明2000多年前中国造船技术设备和生产能力已达到很高水平"；1997年国家文物局局长与新华社公布新闻采用的是"秦汉遗址"说法；1999年国务院公布其为全国重点文物的名单时，遗址名称删去"汉"字，变为"秦代造船遗址"，推测这一变动的原因可能是"秦汉船台"上面发现建有西汉初南越王宫，"船台"不可能与宫殿同时存在。

遗址名称删去"汉"字，并未解决问题，需要解释的是赵佗为何要毁了使用时间不长的军用船台以建造宫苑。按《广州秦汉考古三大发现》解释："在秦始皇三十三年（前214年）统一岭南的战争结束之后，造船工场的使命就完成了。"这就涉及南越国的水上军事史。查考文献记载，可以认定秦平岭南之后及赵佗立国主政期间，岭南的战备并没有放松，战事仍时有发生，重大战事离不开水上军事活动，造船以备是不可或缺的军事措施，理由有四。

一是任嚣临终之前托付赵佗行南海尉事。《史记·尉佗列传》

载："嚣死，佗即移檄告横浦、阳山、湟溪关曰盗兵且至，急绝道聚兵自守。"这些关口，或为控制水路关口，或为控制与水路相连的"新道"。赵佗"击并桂林、象郡，自立为南越武王"的行动，由于岭南的地形，水上军事活动当占更大比重。

二是赵佗立国之后不久，汉高祖刘邦因兵力国力损耗一时难以用兵，却不放松武备。《汉书》载，西汉初："天下既定，踵秦而置材官于郡国"。《后汉书·光武帝纪》引应劭《汉官仪》曰："高祖命天下郡国选能引关、蹶张、材力武猛者，以为轻车、骑士、材官、楼船，常以立秋后讲肄课试，各有员数。平地用车骑，山阻用材官，水泉用楼船。"楼船是水师总称。汉高祖五年（前201），刘邦诏封吴芮为长沙王，建都临湘（今湖南省长沙市），封给长沙、豫章、象郡、桂林、南海五郡，遥夺南越国土给长沙王，意以越制越。长沙国是合法政权，南越国则未得到中央政府承认，两国居民分别被称为"内越""外越"。长沙国始终无法兼并南越国，刘邦临终前一年才改变主意，诏立赵佗为南越王，派陆贾宣抚赵佗。在这种背景下，南越国怎么会将军用大型船台毁掉以营建宫室？

三是吕后执政后，对南越国进行封锁打压，赵佗断绝了与长沙国、汉朝的关系，称帝并突袭长沙国，占领数县，不久即自动撤兵，旨在显示军事力量。此后，南越国与长沙国边境处于战争戒备状态。长沙马王堆长沙国第二代轪侯利豨墓中出土吕后末年南越国与长沙国交战的两张作战地图：一为驻军图，图上许多村子注有"口口户，今毋人""口口户，不返"字样，村子荒无人烟，反映战争的残酷；一为地形图，绘制准确，尤其重视河流。可以设想南越国攻打长沙国时，运兵和作战是以水道为主。两国边境在其后仍处于两军对垒状态，不会放松对水道的警戒。吕后死后，汉文帝再派陆贾诏慰赵佗，赵佗取消帝号，恢复对汉臣属关系，延续到南越国灭亡。但南越王对内一直保持称帝，对汉廷既臣服又有戒心，也不会放松武备。

四是汉武帝为平南越，着力于水军建设。《史记·平准书》载："是时越欲与汉用船战逐，乃大修昆明池，列观环之。治楼船，高十余丈，旗帜加其上，甚壮。"元狩三年（前120），汉武帝在长安西南挖建方圆四十里的昆明池训练水师，楼船高十余丈。军事演习是以南越国为假想敌的。其后，汉武帝派伏波将军路博德、楼船将军杨仆挺进南越。汉武帝兵分五路全是沿着水路，条条水路通番禺——"咸会番禺"。此时虽是赵佗以后的事，但也说明了水上作战始终是南越国军事强项，军用造船始终没有放松。如果在番禺有这么一处大型造船工场，番禺城也不至于如今日之寸土寸金，这处大型船台更没有可能以"完成其历史使命"的理由被废弃不用。此外，东越王余善自请派兵随汉军击吕嘉，也是从海路进兵。梁廷枏《南越丛录》记载，南越五主赵建德为备战，在闽越、南越交界的今漳浦县境"伐木为舟"。直到东汉光武帝遣伏波将军马援征交趾，均以楼船为主力。

综上所述，赵佗立国前后，乃至南越国终灭，水上军事活动没有停止过，所谓船台"完成历史使命"而被废弃之说，是背离史实的臆测之说。

另外，按《广州秦汉考古三大发现》所述，船台说是建立在两个半岛的理论上的，因此能临水造船，即："今日老城区中心的广仁路和北京路以西、吉祥路、教育路以东这一狭长的地段，在2000多年前的广州原始地形中，实为珠江河的一段古河汊，两边有东、西两个半岛夹峙，东半岛呈腰形，西半岛较宽广，像一片宽叶。"卓稚雄《南越国时期广州水陆状况探讨》则称，现代航空遥感地形技术说明南越国时期"未见'两个半岛'的存在"，"今北京路一带秦时是陆地，不是河湾"。此说颠覆了两个半岛的结论，如若成立，则河湾不存，船台焉附？

　　1974年，考古发掘报告将广州考古挖掘出的此处遗址定为秦汉船台，此后又改称秦船台。对此造船遗址的定性，自公布之日起学术界就有认为其是建筑基础的地栿的不同看法，并引起较长时间的规模不小的研讨。时至今日，学界关于船台说之争已经淡出，但这处戴上"全国重点文物保护单位"桂冠的考古遗址却成为一个绕不过去的话题。由于争议得不到明确结论，对于广州文博系统来说，就成为一个尴尬的话题。2010年出版的南越王宫博物馆编《南越国宫署遗址：岭南两千年中心地》一书，对此遗址范围内的历朝官署乃至众多水井的考古发现如数家珍，图文并茂，唯此船台不见于篇目，只在该书"前言"中写上一段："秦代造船遗址　2004年，清理出了1975年发现的秦造船遗址的三号船台东端和一、二号船台的横阵。三号船台位于二号船台的北侧，其滑板和木墩与二号船台基本平行。一、二号船台的横阵为南北向，与船台的滑板垂直，横阵下垫有多块大枕木。通过1975—2004年的四次局部发掘，确定了船台遗址的东界和北界，基本弄清楚了船台的总体结构。"对南越王宫苑遗址内同列全国重点文物保护单位的"船台"作如此记述，可见编者在述及此事上的谨慎。

　　2021年广东省文物局、广东省文物考古研究所编著的《广东重要考古发现概览》"广州秦代造船工场遗址"条目结尾写道："目前，遗址的性质尚有争议。有学者认为其是南越国时期引白云山溪水入城的水渠；也有学者认为该遗址是南越王朝汉台或南越时期干栏式宫殿建筑的基础。"这是官方正式承认对"船台"性质存在不同认识的公开表述。

素馨花真是陆贾引入岭南的吗

南越国赵佗执政时期，汉大夫陆贾于汉高祖十一年（前196）和汉文帝元年（前179）先后两次出使番禺，成功劝说赵佗臣服汉室。粤人对陆贾十分敬重，誉称他为"开越大夫"。时隔二千余年，粤地仍流传着一些与陆贾相关的传说。《广东新语》记载，岭南名花素馨花是陆贾使越时，携此西域花种传入岭南的：

> 《志》称：陆大夫得种西域，因说尉佗移至广南。……素馨因陆大夫而有，今花田当祀陆大夫，以素馨为荐。

那么，素馨花真的是由陆贾传入岭南的吗？

陆贾是楚（今湖北省）人，才华出众，能言善辩，称誉一时。他是政治家，也是大学问家，著述甚丰。见载《汉书·艺文志》，有《楚汉春秋》9篇，"诸子·儒家"23篇，赋3篇，传于今时有《新语》12篇。当时中原人士对岭南还充满神秘感，这样一位才人学者南行作纪，是情理中事，何况此行当负有了解南越的政治使命，更有将见闻撰纪之必要。陆贾在世，早于著作《南裔异物志》的杨孚二三百年，也即是说，《南越行纪》问世早于《南裔异物志》二三百年，当是最早介绍岭南风物的地情书。

黄佐《广东通志》"艺文志上·史目"载:"《楚汉春秋》九卷、《南越行纪》一卷,俱陆贾撰,今亡。"可见《南越行纪》在明嘉靖年间已佚。但从晋人辑文中可证陆贾此书之存在。嵇含《南方草木状》收载《南越行纪》的两段文字为条目,常为粤人著述所引用,也是今人研究陆贾在岭南行止的重要文献。嵇含为西晋初人,生活时代离汉代较近,他能见到陆贾的《南越行纪》,并难能可贵地引载下该书两则条目,清晰地点明引自陆贾的《南越行纪》,存下了西汉初岭南珍贵的历史片段。

其中,《南越行纪》辑佚之二,所述的是南海郡境内的耶悉茗花和茉莉花:

> 南越之境,五谷无味,百花不香,此二花特芳香者,缘自胡国移至,不随水土而变,与夫橘北为枳异矣。彼之女子以彩丝穿花心以为首饰。

耶悉茗花就是素馨花,它和茉莉花都是进口移植的洋花。《南越行纪》所记载的由胡国传入耶悉茗花、茉莉花的史实,是中国海上交通史的珍贵史料。

耶悉茗花被称为素馨花这样一个中国化的雅名,得自南汉国干侍女"素馨"的故事。《永乐大典》卷一一九七"广州府"载有此事:

> 【图经志】广州土地所产,惟草木花果香药鸟兽鳞介之属。若夫五谷百花,与中州同有者,兹不备录。在昔舶舟凑集,则珍异货贝,来自诸蕃,今则无有矣。
>
> 素馨花,《南方草木状》云:"一名那悉茗,有胡人自西

国移植于南海。又《龟山志》谓昔刘王有侍女名素馨，其冢生此花因名。今城西九里地名花田，弥望皆种此花，其香他处莫及。古龙涎香饼及串珠之类，治以此花，则韵味愈远。贩女或以蕉丝为蕙鬻于市。茉莉花，或云抹丽，较诸素馨尤旎，其种又有黄色者。

　　素馨花和茉莉花皆白色，花香浓郁，传入中国，因南粤气候和土壤适宜栽种，借民俗、经济等因素，成为岭南名花。粤人对花色洁白的素馨花情有独钟。宋人吴曾《能改斋漫录》载："岭外素馨花，本名耶悉茗花。……唯花洁白，南人极重之，以白而香，故易其名。"在此氛围中，素馨花种植发展成产业，对广州地区的民生产生较大影响。昔日广州花乡芳村花地，盛产香花素馨花和茉莉花，附近花农纷纷来移植。到了清末，此地商业日渐繁荣，"花田"才日渐式微。

　　见于《广东新语》所载，这种名花用处很多，用作头饰、灯饰、饮食品原材料、保健用品，提炼成香油作儿女之化妆品等。此外，还可作"香片"焙茶，酿"香醪"。清初广州河南（今海珠区）"花田"有32个村都以素馨花为衣食。那时候的广州真是个名实相符的"花城"。因河南产花入城，在五羊门南岸有专业性花渡头："广州有花渡头，在五羊门南岸，广州花贩，每日分载素馨至城，从此上舟，故名'花渡头'。花谓'素馨'也。""花田"成为一时旅游胜地。

　　《南越行纪》极为珍贵地留下了汉初岭南名花素馨花、茉莉花的身影，广州的种花人对陆贾永志不忘。可以说，《南越行纪》留下了素馨花在汉代之前已传入粤的珍贵史证。不过，对照《南越行纪》辑佚，《广东新语》载述的陆贾游说赵佗才得以将素馨花移植到广南之事，不符合事理。

陆贾出使南越，时在西汉立国之初。《广东新语》所引"志称"不知出自何志，从事理考量，不合逻辑。《南越行纪》所记见闻，是西汉初陆贾抵南越时所见事实。他说此花"缘自胡国移至，不随水土而变"，说明此花彼时移植已久，且广为传播，在越地形成了"女子以彩丝穿花心为首饰"的时尚。可见此花不是陆贾始携去，而是此前已从岭南与海外交流的渠道传入。

素馨花、茉莉花"缘自胡国移至"的这则见闻，反映了汉初之前岭南与海外的交流，已不限于货物交流，而有移植花卉之情况，更显示了岭南与海外贸易交流早于《汉书·地理志》所载汉武帝时岭南与海外交流时间节点。美国学者劳费尔《中国伊朗编》认为，关于二花入华的记载失实，理由是公元300年以前不可能有西亚人到广州，二花的移植也没有为外国史料所证实。此观点值得讨论，因为汉武帝派官船出航黄支国之前很久，即公元前5—公元前4世纪，中印之间已经有民间海上贸易往来。《佛祖历代通载》记载秦始皇二十九年（前218）"沙门室利防等一十八人来自西域"。

黄启臣主编的《广东海上丝绸之路史》称：

> 就目前看到的资料，包括有进、出口对外贸易业务的中国海上丝绸之路的最早发祥地，应该是广东省境内的徐闻、合浦（按：合浦今属广西）。《汉书》卷二十八下《地理志》记载很清楚……

该书也述及先秦时期广东海上交通及海洋产品，但所述只限于几处考古发现的出土文物，说不出具体的海外之物，只说：

黄展岳曾清理两广的青铜器,除了部分为本地铸造的之外,其余相当大的部分则为中原、楚地、吴越或岭北其他地方所传入。岭南是以什么珍宝来换取这些青铜器的呢?在岭北的考古遗存中已经难于追寻了。

结合陆贾所载,反观《史记·货殖列传》所点出的在番禺都会出产的物品,今时学界流行的中国海上丝路最早发祥地只称徐闻、合浦之说值得斟酌。吕思勉《吕思勉读史札记·官南方者之贪》点出:

> 贸迁往来,水便于陆,故南琛之至尤早。《史记·货殖列传》言番禺为珠玑、犀、玳瑁、果、布之凑,此语必非言汉时,可见陆梁之地未开,蛮夷贾船,已有来至交、广者矣。

信哉此言。陆贾入粤为汉初,在武帝时期之前。《南越行纪》的载述可证,粤地与海外的这种交流,当早于汉初之前,交流地点也不限于徐闻、合浦。此两地未见有汉代流传二花的俗说记载,或可说明二花的传播路线不经此两地。女子能够以彩丝穿引进的洋花花心为首饰的时尚之地,必是商业繁华的富裕之地,在秦汉时期,当数番禺。还要说到,陆贾出发于陆上丝绸之路起点长安,根据《南越行纪》所述,他在长安未见到素馨花、茉莉花,也就是说,此两种花只能从海上路径传入,同样说明汉初之前的海上丝绸之路的存在。

从陆贾《南越行纪》辑佚之文,可证素馨花传入岭南早于他出使南越国之前。《南越行纪》的这则见闻,反映了秦甚至先秦时期岭南与海外的交流，已不限于货物交流，还有移植花卉，在海外交通史上是值得引以为证的重要实例。同时，还说明了不宜将秦汉时期"包括有进、出口对外贸易业务的中国海上丝绸之路的最早发祥地"狭窄地定位于徐闻、合浦，以"未见资料"为由而置番禺于阙如。系统阐述中国海上交通史，更不能忽视《南越纪行》此一类历史文献的记载，而只单说《汉书·地理志》。

杨孚《南裔异物志》是物产志吗

　　东汉南海郡番禺县下渡头村（今广州市海珠区下渡头村）人杨孚，字孝元，是汉代南海郡唯一以举贤良对策入朝拜官的人物。他撰有《南裔异物志》（又称《异物志》《交州异物志》《交趾异物志》，简称《杨志》）。关于此志的类属，《简明广东史》说："杨孚所撰书是南海郡人第一部学术著作，……它也是我国第一部地区性的异物志。"《广东通史》（古代上册）则说："《异物志》是迄今可见的南海郡人第一部学术专著，也是我国第一部地域性物产志。""异物""物产"不是同一范畴的概念，"异物"的范围应大于"物产"。这反映了这部"南海郡人第一部学术著作"的眼界所及。这部书到底是异物志还是物产志，须从辑佚内容看端倪。

　　先对杨孚其人作一简介。杨孚在东汉章帝建初年间（76—84）入朝任议郎。议郎是皇帝近臣，职掌顾问应对，参与议政，是高级参谋。他是一位有政治头脑的人物，主张"创造用武，守业用文"，反对对匈奴无端用兵；"均行三年通丧"；考核和选用官吏要以廉为标准。

　　杨孚还给今天的广州留下了三个地名：

　　一是河南。据《广东新语·地语》记载，杨孚从洛阳辞官归里时，将河南洛阳之松树移种宅前。岭南历来地暖，偏偏这年遇上大寒，松树上居然降有积雪，因此人们将其居地命名为"河南"。

二是下渡路。杨孚旧居下渡村，现演化为下渡路。

三是杨孚井，位于传说的杨子故宅遗址，立了牌子。

杨孚名留青史最主要的事迹，是他撰写下《南裔异物志》。据说他写此书指陈岭南异物，旨在针对任官岭南的官员回京时竞相带回珍奇以求取宠进身的问题，收敛猎奇钻营之风气。

此书在当时起到了向中原推介岭南风物的作用，如记载水稻"夏冬又熟，农者一岁再种"，荔枝、龙眼、桔、椰树、芭蕉等岭南佳果，以芭蕉茎煮丝为布的纺织技术，可惜今已失传。但此书的价值不止于此。

《杨志》文字优雅，采用"赞"体四言诗，韵语藻雅。例如赞榕树："榕树栖栖，长与少殊。高出林表，广荫原丘。孰知初生，葛藟之俦。"由于遣词优美，寄意蕴藉，对岭南诗歌发展影响深远。《广东新语》评述："然则广东之诗，其始乎孚乎？"

不过，对杨孚著述需讲清三个问题。

一是书名。饶展雄《广州地方志发展史略》说《杨志》：

> 还记载民族情况，如"广州有俚贼，此贼在广州之南，苍梧、郁林、合浦、高凉诸郡。……"现有南海曾钊辑本。杨孚又撰有《交州异物志》和《临海水土记》（又名《南海水土记》）可惜两书已佚。

这里把杨孚的著作搞错了。

首先，引文出错。"广州"是三国吴始置的行政区划地名，怎么可能在东汉著作中出现这个地名？饶文所引条目，很可能出自三国吴万震的《南州异物志》。

其次，《临海水土记》的作者不是杨孚。临海郡、临海县均为三国吴太平二年（257）始置，已在杨孚生活年代之后近二百年。《隋书·经籍志》记述《临海水土异物志》为三国吴人沈莹所撰。查究出错原因，应是姚振宗《后汉艺文志》将《临海水土记》归于杨孚名下。姚振宗自己显然觉得不妥，于是又说：

> 《续汉·郡国志》唯有渤海、东海、北海、南海郡，无临海郡，《吴志·孙亮传》太平二年春二月以会稽东部为临海郡，临海立郡始此时。为魏高贵乡公甘露二年，区氏称临海太守，岂南海之讹钦？抑汉时尝立临海郡，后复省并，史失其事钦？是书名目亦恐未确。

据《岭南文献史》考述，《初学记》辑有一条目，出处注为"杨孚《临海水土记》"，当为抄录笔误，明人欧大任可能是由此条目徒生联想，撰述杨孚生平加上任临海太守的经历。李小松、梁翰《禺山兰桂》"粤诗的始祖杨孚"传称："后来杨孚被任为临海太守。临海，郡名，在浙江省，治所即今之临海市。但以年湮代远，杨孚为太守的事绩，还没留下什么资料可稽考。据说此时杨孚写了《南海水土记》，今已失佚。"这就让杨孚穿越了时光隧道。总之，《临海水土志》的作者不可能是杨孚。

虽然《南裔异物志》在宋以后失传，但是《齐民要术》《太平御览》《艺文类聚》等类书都收载有该书资料，清人曾钊和王谟各自辑录《杨志》条目为一卷，分别收入《岭南丛书》和《汉唐地理书钞》。《杨志》早佚，历代著录名称不一。《隋书·经籍志》称："《异物志》一卷，后汉议郎杨孚撰。"《旧唐书·经籍志》《新唐书·艺文志》均称杨孚撰"《交州异物志》一卷"。自《宋史·艺文志》始，此书因亡佚而从著录中消失了。除此以外，古籍和类书引载《杨志》条目出处也有着各种名称。《后汉书》李贤注称"杨浮（当为孚误）《异物志》"，郦道元《水经注》称"杨氏《南裔异物志》"，屈大均《广东新语》称"杨孚《异物志》"，《艺文类聚》和《太平御览》均称"杨孝元《交州异物志》"，《太平御览》也有称"杨孝元《交趾异物志》"。冠称地名各异，依据西汉设交趾刺史部、东汉设交州，"南裔"则是南疆。古籍靠手抄流传，流传时称法不一，可能是著录整理者加上去的。

二是《南裔异物志》的类属。《简明广东史》称：《杨志》"在内容上向后人提供了汉代岭南植物学、动物学和矿物学的第一手资料……是我国第一部地区性的异物志"；《广东通史》（古代上册）称其"是我国第一部地域性物产志。它为后人提供了汉代岭南地区（也涉及周边各国）植物学、动物学、矿物学和民俗学的第一手材料……"。但民俗现象不是物产，则《杨志》类属异物志较为稳妥。

《杨志》开创方志一个重要门类之先河，其后有不少著作以《异物志》为名。如三国吴沈莹《临海水土异物志》、万震《南州异物志》、朱应《扶南异物志》、薛莹《荆扬已南异物志》、谯周《巴蜀异物志》、佚名《凉州异物志》；六朝陈祈畅《异物志》，唐孟琯《岭南异物志》、房千里《南方异物志》、沈如筠《异物志》；唐宋佚名《岭表异物志》。这反映了《异物志》出现于东汉，繁荣于六朝，衰退于唐，消亡于宋的情况。原因是自宋以后，人们对边远地区了解加深，以《异物志》为名的著作就不再出现了，转而以风物志行世。

三是历史价值。对《杨志》历史价值的判断，就是从异物志的性质说开的。《杨志》的历史价值，不仅在于对岭南汉代特色物产、相关地情的记述，更在于对超出岭南地域的地情记述。

迄今为止，学术界公认《汉书·地理志》是最早记载西汉时中国官方商船前往南海诸国的行程的文献，这一海上贸易活动，是中国官方开拓海上丝绸之路的确切标志。但《汉书·地理志》只载此次出航启程于"日南障塞、徐闻、合浦"，汉使终点到了已程不国（今斯里兰卡），未有更多细节和具体涉及地区和国家之名，更造成对汉代岭南海外交通的一些悬念。至于番禺在汉代对外交往的文献记载确证，只能转向方志求解。《汉书·地理志》虽然记载了从岭南启程越洋通海之事，却未具体提及这些国家。

尽管《杨志》成书确切时间无考，但是从杨孚在汉章帝建初年间到朝中任议郎推断，《杨志》成书与完稿于汉章帝建初八年（83）的《汉书》时间应为同一时期。《杨志》记载的内容，不止于岭南地区，还涉及周边地区、海外国家。《广东通史》（古代上册）说《杨志》记述地域涉及周边各国，其实就是东南亚国家，已超出岭南的地域概念。书中留下了1900多年前关于南海及周边国家的史料，极为宝贵。可见其具有立足岭南，面向海洋，延伸至东南亚国家的特色。杨孚晚年归居番禺，未见其出外周游之记载，因此，《杨志》所载的海外情况，不可能是他亲历亲见，只能说是亲闻，反映了杨孚所居的番禺在海外贸易中的地位。《杨志》载物产，除了榕树、香蕉、荔枝、甘蔗、桔、杨梅之类是珠江三角洲本地所常见，大象、孔雀，在番禺未必尚存，有的事物，则从整个岭南幅员视域下作记载，更有一些系外郡远地的，如合浦、日南之牛，日南、九真猓然（长尾猿），郁林大猪，交趾猩猩，九真长鸣鸡，朱崖水蛇，交趾草、交趾稻等，应不是他在南海郡就举目可见的。他还记述了南海的鲛鱼、鲸鱼、水母。因此,《杨志》的内容,相当一部分当是采访所得。《杨志》多处述及合浦、交趾、朱崖等地物产,正反映了汉代番禺与岭南各处沿海港口的往来联系以及其交通大港的地位。

《杨志》条目还有雕题国、狼㬵国、西屠国、扶南国、斯调国、金邻、乌浒、穿胸人、儋耳夷、黄头人、瓮人等国家或民族,其中的雕题国、狼㬵国、西屠国等,可能是岭南民族地区的社会组织,扶南国、金邻、斯调国则是东南亚地区国家。《杨志》所记斯调国"有火州,在南海中",学界多认为其地为今斯里兰卡,或说今印度尼西亚爪哇岛之东南一岛。金邻,"一名金陈,去扶南可二千余里。地出银,人民多好猎大象,生得乘骑,死则取其牙齿"。其地或在今泰国西南部。《新唐书·宦者》"杨思勗传"亦载:"外结林邑、真腊、金邻等国。"还特别要说到所记扶南国,也作夫南,中南半岛古国名,意为"山地之王",位于今柬埔寨。东汉章帝元和元年(84)始通扶南国。三国时,扶南王三次遣使与东吴通好,吴遣朱应、康泰回访。当代对古扶南国的研究,多以朱应《扶南异物志》为文献依据,其实,最早的记载是《杨志》。汉章帝时杨孚任京官,他是从扶南国始通中国之时就记载此国的。杨孚对异国的记述,反映了他撰志时的广征博采与多闻博学,不是道听途说的猎奇,而是有历史价值的具体记载。与前后一些史籍记载相对照,可为岭南与海外交往作佐证。

《杨志》专列条目的扶南、金邻、斯调等国名,在《史记》《汉书·地理志》中尚未出现,可推《杨志》是今见中国最早记载这些东南亚国名的史籍。《杨志》中的这些记载,可以作为东汉时岭南与东南亚一带海外来往的实证史料。《晋书》《宋书》《南齐书》《梁书》《南史》《新唐书》中均设有"扶南传",所据古史材料大多源于《吴时外国传》。研究柬埔寨史的外国学者一般认为，中国史学关于此国古史之记载，多采自康泰、朱应出使扶南后之撰述。在早于三国吴时的番禺人杨孚的著述中，出现对扶南的记述，研究海上丝绸之路史的学者李庆新认为，这一记述的意义在于可能将文献记载的扶南国历史前伸。在记载的详细程度上，《杨志》无法比肩所载为亲历亲见的《扶南异物志》，但在首载其国上，有其特殊意义。《扶南异物志》之书名，也恰恰反映了后志传承杨志遗风之轨迹。

《杨志》所载不止于物产，还涉及海外一些地区或国家的情景，主要是民俗。《杨志》详细记载"瓮人"："齿及目甚鲜白，面体异黑若漆，皆光泽。为奴婢，强勤力。"邓端本、章深著《广州外贸史》（上）考，"瓮人"是当时输入中国的中印半岛南部及南洋诸岛的马来人，就是通常所说的"黑奴"，杨孚将此载入书中，反映了当时广州的富人使用这种奴隶已不是个别现象，其进口也有相当一段时间。

除此之外，还记述了诸如雕题国、西屠国等地区或国家，以及穿胸人、儋耳夷、黄头人、乌浒人等民族，可见杨孚采访记述视野之广。这些族群、方国，位于岭南东部、南部，有的在海上，如儋耳、朱崖即今之海南省。所记述的镂面刻肤、纺绩、染齿、巢居、贯头穿衣之俗，不仅在古代海南、云南、贵州，也在东南亚等地的土著民族中长期流传，对民族学、人类学的研究极有价值。

总而言之，《南裔异物志》是岭南最早与海上丝绸之路有相关记述的志书，是全国最早记载海外风物的志书，也是迄今所见最早记述扶南等海外国家的古籍。因此，《杨志》的这些内容，已不限于民俗学，更涉及中外交通史、东南亚古史等许多领域。从方志的发展史上看，《杨志》是第一部地区性异物志；从更多学科领域上看，还可以说《杨志》是我国最早记述东南亚的扶南等国的学术著述，在研究海上交通史上具有重要的历史文献价值。

光孝寺初名为何叫制止寺

广州民谚有称"未有羊城，先有光孝"，其实是形容光孝寺历史悠久的夸张之说，因为广州建城始于秦任嚣城，彼时在全国还没有出现佛寺，更不要说在岭南。光孝寺创建于三国孙吴时期，一千七百多年来，寺名不断变化，志籍说法不一，特别是早期寺名，有点扑朔迷离。

说到光孝寺最早的寺名，必须先说创寺经过。

西汉南越国定都番禺城，今光孝寺址的那片地当时还位于城西郊野，据传是末代南越国王赵建德登基前之府邸。历经汉平南越之战火，此处沦为荒园。三百多年后的三国吴时，东吴大臣虞翻因耿直敢言得罪了吴大帝孙权，被贬谪到广州，谪居于这处建德故宅。虞翻将此荒芜之地拾掇一番，栽种下诃子，此处因此得称"虞苑""诃林"。虞翻在此潜心著述，四方之士闻名来虞苑求学者达数百人。

清乾隆《光孝寺志》载："寺故建德所居之宅也。三国吴虞翻谪居此……翻卒，后人施其宅为寺，扁曰'制止'。""制止寺"就是光孝寺最早称名。这一寺名也见宋赞宁撰《宋高僧传·唐广州制止寺极量传》，该传记载中印度僧极量于唐神龙元年（705）抵广州，"乃于广州制止道场驻锡"语。

寺名称为"制止"何解？"制止"一词，《现代汉语词典》释："强迫使停止；不允许继续（行动）。"此解当然不适用于寺名，只能从当初的古汉语本义去寻找答案。

古汉语的"制"，意为帝王之命令，是必须执行而不是停止。郑玄注《礼记》"士死制"句："制，谓君教令所使为之。"《史记》记载，秦王嬴政统一中国，臣下劝他自封尊号，说是"王为'泰皇'，命为'制'，令为'诏'"。后世的"应制文学""应制诗"之说，说的就是奉帝王旨意赋诗撰文。

古汉语的"止"，有到来、居住、挽留、停歇等意思，也可以解作招待宾客。用在僧徒行止上，解为驻锡（僧人出行，以锡杖自随，故称僧人住止为驻锡）。如南梁慧皎撰《高僧传》载，西域高僧于"永嘉中，始到中国，值乱，仍过江，止建初寺"。"齐建元初来至京师，止毗耶离寺。"上述《宋高僧传》说极量"乃于广州制止道场驻锡"，也是这个意思。

"寺"的本义是衙署、官舍。《汉书》"城郭官寺及民室屋"句，颜师古注："凡府庭所在皆谓之'寺'。"例如明代朝廷设有并称"五寺"的大理寺、太常寺、太仆寺、光禄寺、鸿胪寺等五衙门。鸿胪寺，就是朝廷接待各国使者之官署。可见"寺"一直为官衙之称。

综上所述，"制止寺"可解为朝廷接待番僧之处所。用现代的话来说，就是国家接待来华僧人工作站，东汉白马寺即为朝廷接待来华僧人工作站的先例。

制止寺的含义，当代鲜为人知，前人也未必都能理解，以至史籍上出现"制旨寺"同音讹称。唐道宣《续高僧传》中，不止一处出现"广州制旨寺"，今时著述中也见有对制止寺一名括注"亦称制旨寺"的。殊不知"制""旨"同义，"制旨"不可言喻。倘若理解成制造圣旨，就更加不通了。对寺名所采用的"制止"一词，今人也有释为"佛家语，即制心止。谓抑止心欲之动；不使受外物之乱而作恶"。但是，制止寺创建时，中国人对佛学还不曾了解，因而不太可能以佛家语为寺名。何况此语未明典出何处，更像是从儒家理学"存天理，灭人欲"之说教演化而来，或是从现代汉语"制止"本义臆测发挥出来，其释义与建寺意义说不上有什么关系。

要说清制止寺之得名，必须搞清楚其创建的背景缘起。

佛教传入中国，译经是佛教传播之第一要务，建立藏经、译经、讲经之所，也成为佛教传播的基本条件。因此，佛教推广离不开官方鼎力支持，不仅在于须获得允许传教的许可，更在于获得传教场所。

长江以南，最早接受佛教的君主是吴主孙权。他是因为接受来自岭南的高僧康僧会的游说而信佛，还以皇帝身份下诏在广州创建制止寺。

由于海上丝路的开通，岭南是佛教最早传播入华的地区之一。康僧会祖上世居天竺（今印度），其父因经商移居交趾（今越南北部），双亲去世后出家。《高僧传·魏吴建业建初寺康僧会传》记载了康僧会说服孙权奉佛的事迹。

康僧会从岭南到了吴都建业（今江苏省南京市），求见孙权。孙权询问佛教有何灵验。康僧会说，释迦牟尼"遗骨舍利，神曜无方"，印度阿育王建了84,000座塔来瘗藏佛舍利，"塔寺之兴，以表遗化"。孙权对康僧会说："如果能得到舍利，当为造塔，如语属虚妄，就要按国法将你刑罚。"康僧会供摆铜瓶，烧香礼请佛舍利21天，瓶中果然变出五色光炎的佛舍利。孙权亲手执瓶将舍利倒到铜盘上，舍利冲击，铜盘即碎。接着他命令将舍利置于铁砧板上，让力士用力敲击，结果砧锤俱陷，舍利无损。孙权大为叹服，下令建塔以瘗藏舍利，同时建起佛寺，寺名"建初寺"，既表明了此佛寺即江南建佛寺之开端，也反映了吴时对佛寺起名遵循的模式。此寺便是南京大报恩寺前身。

紧接建成建初寺之后，孙权选择在广州建立中国南方的第二座佛寺，寺名称制止寺，彰示其旨在接待西域高僧在此译经，这与广州在海上丝绸之路的地位是相应的。见《高僧传》及史志，历史上除东汉末之洛阳白马寺、三国吴建业建初寺及广州制止寺之外，朝廷在全国各地建寺的记载时间均在晋以后。可由此推断，制止寺是吴在江南所建之第二所寺院，也是中国南方第二所佛寺，其在佛教入华初期的地位及作用昭然若揭，在中国佛教史上的地位之重不言而喻。

既然制止寺在三国吴时就已存在，那么志籍中后人"舍宅为寺"的说法就须再推敲一下。孙权召见康僧会，时在赤乌十年（247），距虞翻病逝的嘉禾二年（233）已有14年。虞翻死后家人北归，从时间上看不可能随之即由虞翻家人舍宅为寺，否则岂不是制止寺建成早于建初寺。其次，虞翻贬居处是官方资产，虞翻家人没有处理此处地产的资格。另外，据裴松之注《三国志》，虞翻被贬谪到广州后，屡就国家大事发表己见，惹得孙权又将他迁贬到苍梧郡。既然广州并不是虞翻的人生最后一站，他死后家人将其在广州居处"舍宅为寺"的说法就更加不成立了。《光孝寺志》所载"翻卒，后人施其宅为寺，扁曰'制止'"一事，采用"后人"而不是"家人"的说法，只是说明制止寺舍宅为寺之事在虞翻死后而已。

制止寺在中国佛教史上是一处十分重要的译经地，确实体现了建寺宗旨。六朝时期，广州是番舶入华登陆口岸，驻制止寺译经西域名僧尤盛。东吴会稽王五凤二年（255），西域人支疆梁接在广州译出《法华三昧经》，很可能是在制止寺译经道场。

《光孝寺志》记载，东晋时，昙摩耶舍"至广州止。此时地为虞翻旧苑，尊者乃创建大殿五间，名曰'王园寺'，随于此寺奉敕译经，有武当沙门慧严笔授"。这是光孝寺寺院建筑最早时间的记载。昙摩耶舍从海上入华，不可能事先到武当山招收翻译助手，参与译经"有武当沙门慧严笔授"，说明先时寺中已配备有包括来自外地的专事翻译人员。东晋王园寺址在虞翻旧苑，即在三国制止寺同一地点。昙摩耶舍"奉敕译经"的行止，符合"制止"之义。他在此创建的"王园寺"，又名"王苑朝延寺"，寺称含义也与"制止"相通。尤其是"王苑朝延寺"之名，将王室宅园与朝廷礼请外宾场所的意思都包括进去了。这些意思相同的寺名，会不会是因为后人对"制止寺"寺名的意译而造成的呢？还有后来的"王仁寺"，粤音与"王园寺"相近。这些寺名都留下了值得推敲的空间。

直至明代，光孝寺仍在扮演对外接待的角色。鉴于明朝政府实行朝贡政策，外国商船是打着进贡的幌子来华经商的。据《筹海图编》所载，正德十二年（1517），有两艘番舶到了广州城怀远驿，自称其为佛狼机国（葡萄牙）来华进贡。广州金事兼署海道事即将此事报告两广总督陈金，番人获批准进入广州，"以其人不知礼法，令光孝寺习仪三日，而后引见"。外国人要在光孝寺学习礼仪，三天学会跪拜之礼，才能得到两广总督的接见。可见光孝寺成了官府接待外国人的礼宾司习礼之处。

在广州，"海外诸蕃朝贡之使益多"。此类事极为频繁，且有广东市舶提举司所设各驿作为接待外宾之机构，也有驿丞专司其职。接见习礼本属世俗之事，要佛寺担负此责，正说明光孝寺传统就有接待外宾之功能。官方如此安排习礼的事，还有另一层考虑。光孝寺位于城西，与广州左卫所为邻，其西面和北面都驻有守城卫戍部队，将外国人安排于此习礼，是安全的缓冲，同时急报朝廷，等候指示。光孝寺在这一程序中，扮演的是接待机构的角色，而非佛教事务，倒是与"制止"有关了。

光孝寺寺名迭经演变。对其旧称介绍，本应以寺志为准，但光孝寺虽历史悠久，修志却是很迟之事。首部《光孝寺志》刊刻于明崇祯十三年（1640），今已失传。清乾隆三十四年（1769），广州知府顾光还得以亲睹明寺志，"惜其简略，发愿重修"，记述建置旧称则仍沿用旧志所载。兹将乾隆《光孝寺志》中有关光孝寺建置及寺名演变的记载粗略勾勒出一个脉络：

寺址原为西汉南越王赵建德居宅，三国吴虞翻谪徙居此。后人施此宅为寺，扁曰"制止"。

东晋安帝隆安年间（397—401），罽宾国昙摩耶舍始创"王苑朝延寺"，又曰"王园寺"，建五间大殿（按：为五开间，不是五间建筑）。

南北朝刘宋永初元年（420），梵僧求那跋陀罗三藏至此，指苛子树曰："此西方诃梨勒果之林也，宜曰'苛林制止'。"始创戒坛，立"制止"道场。

唐贞观十九年（645），"改制止王园为乾明法性寺"。会昌五年（845），"改乾明法性作西云道宫"。大中十三年（859）"复改乾明法性寺"。

除寺志之外，见于它处记载光孝寺唐代称名，还有制旨寺、制旨王园寺（并见《续高僧传·真谛传》），白沙寺，大云寺（天授元年（690），有僧杜撰《大云经》呈武则天为其上位制造舆论，武则天遂"制颁于天下，令诸州各置大云寺"，"法性寺"在此时改称"大云寺",何时恢复原称不详。"大云寺"称寺志无载,名见唐代日僧真人元开《唐大和上东征传》),"乾亨寺"等。

宋建隆三年(962)改"法性寺"为"乾明禅院"。崇宁二年(1103)改为"崇宁万寿禅寺"。政和元年(1111)诏改"乾明寺"为"天宁万寿禅寺"。宣和元年(1119)改寺为宫观。南宋绍兴七年(1137)诏改为"报恩广孝禅寺",二十一年(1151)改为"报恩光孝禅寺"。自此,光孝寺之名沿用至今。

光孝寺最初称名制止寺,其释义当为奉旨接待(来华僧人)之处。该寺建于三国孙吴时期,是历史上在江南所建的第二所寺院,仅后于建业建初寺(今南京市大报恩寺)。由于地处海上交通要道和佛教传播入华的要地,光孝寺及其前身是历史上接待外来高僧和重要的译经道场,印证了此寺初名得称的原委。

康泰、朱应从何处扬帆出使南洋

　　三国吴国海外关系史上的一起重大事件，就是康泰、朱应奉吴大帝孙权派遣出使南洋（今东南亚地区）。此次出使，尤以与扶南国（今柬埔寨）的交往为重点。康、朱出使，扩大了对南方诸国的了解，也加深了国际友谊。他们在扶南恰遇天竺（印度）遗使，此行为中印两国使节直接联系之始，也是中国官方派使团到南洋的扶南等国访问及贸易的最早文字记载。

　　对于这次友好访问的启航地点，史载不详，有人推测其启航于广州。

　　先说康、朱出使事件的背景。

　　扶南国与中国的官方友好往来始于吴大帝黄武初年。《艺文类聚》引述："《吴历》曰：黄武四年（225），扶南诸外国来献琉璃。"《梁书·诸夷·海南诸国传》亦有记载，黄武五年（226），大秦（罗马帝国）商人秦论自海道到交趾郡，交趾太守吴邈派人送他晋见孙权。孙权从秦论口中了解到一些南海国家的情况，于是派出康泰、朱应等航海至林邑国（今越南中南部）、扶南国及南洋诸岛国通好考察："及吴孙权时，遣宣化从事朱应、中郎康泰通焉。其所经及传闻，则有百数十国，因立记传。"

　　康、朱回国后，向朝廷交差，上表报告。《太平御览》称，康泰"表上扶南土俗"。他们还将考察情况撰书，据说康泰撰《吴时外国传》(有考其总名应为《外国传》，"吴时"二字显系后人所加。《史记索隐》《史记正义》引用康书只标"康泰《外国传》")；朱应撰《扶南异物志》；还有"吴康泰《扶南国传》"等名目。也有说《梁书》所谓"立记传"，乃一人之作而署以二人之名，朱应执笔，康泰因是主使官，名列其前。可惜事隔久远，二书早佚，只在《水经注》《太平御览》等书中存下若干条目，对于记传的书名及作者无法证实。

扶南国是柬埔寨古称，也是东南亚历史最悠久的国家。柬埔寨本国对相当于中国隋唐时期以前的历史，没有留下自己的文献记载。因此，研究柬埔寨古史，主要靠中国史籍。《吴时外国传》比较真实地记载了1700多年前古扶南国的方位、气候与土俗、政治、法律、物产、造船、贸易、交通、对外关系等。《晋书》《宋书》《南齐书》《梁书》《南史》《新唐书》中均设有"扶南传"，所据古史材料大多来源于《吴时外国传》。

《吴时外国传》记载公元1世纪混填在扶南建国的情况，至今为世界上多数学者所赞同，成为世界上最早介绍柬埔寨的名著。1956年2月，柬埔寨西哈努克亲王访华时曾说过，高棉人于公元1世纪开始建立有组织的国家，这是根据中国使节康泰和朱应的记载。他还说："由于中国古代的朋友们的介绍，世界其他国家知道了柬埔寨的文化、风俗、习惯和历史，在这些中国学者中最有名的有康泰和朱应以及13世纪末叶的周达观。"

《吴时外国传》除了对扶南国作重点记述之外，还记载了31个古国与地区。我国最早记载中国与东南亚海上交通的史籍《汉书·地理志》只记载6个古国，且既无方位，又无里程，考证起来相当困难。《吴时外国传》所载多数国家记有方位与路程，由由此可考出其大致分布在今越南、缅甸、泰国、马来西亚、菲律宾、新加坡、印度尼西亚、斯里兰卡、印度、伊朗一带。《吴时外国传》还记载了许多古国和地区的交通、物产、贸易、人口、风俗、气候、服饰、宗教、工艺等情况，为今人考证历史地名，研究东南亚、南亚史及南海交通路线提供了珍贵资料。该书还记载了涨海（中国南海）、恒水（印度恒河）、火洲（在印度）的地理情况及南海深洋情况。《太平御览》引载《扶南传》："涨海中，倒（疑为'到'）珊瑚洲，洲底有盘石，珊瑚生其上也。""涨海"指交、广南面广远处的大海；珊瑚洲底的盘石指西沙群岛一带的暗礁。这是吴时已有海舶来往南海，通经涨海的确证。

　　《吴时外国传》和《扶南异物志》具有很高的史料价值。与朱应、康泰同时代的万震撰《南州异物志》和稍后的郭义恭撰《广志》，均参考两书。正史《南齐书》《梁书》《南史》编纂南海诸国传，均以之为重要依据。吕志毅《方志学史》将朱应的《扶南异物志》列为条目，可见此志在中国方志史上有一席之位。上述情况说明，康泰、朱应出使南洋诸岛国事件在中外交流史上具有重要地位。

　　既然确定了此行为真，那么康、朱出使启程地点究竟在何处？史书对此未作明确记述，留下了悬念。

　　《广州通史》（古代卷）对康、朱出使之事并未提及。《广东通史》（古代上册）则专设"康泰出使扶南与南海诸国使臣'入献'"一目，目中分析与康泰一起受命的朱应官宣化从事，是州一级佐官，从而推论："由此推测，朱应可能是较熟悉南海情况的交州从事。两使节从交州州治番禺启航。"

　　孙权遣使的这两位官员，中郎与从事身份不同。中郎康泰属中央官员。汉代官制，中郎为光禄勋（九卿之一）属官，至东汉无固定职掌或给事于诸中央机构。三国时，仍置中郎为储备人才的一种途径。交州从事朱应为地方官员。汉制，从事或称从事史，为州一级佐官，由州长官自辟。吴袭汉制，亦有此二官。"从事"冠以"宣化"之称，标明其有外交使命之身份。由官衔推测，康泰是朝廷派出命官，朱应受交州长官辖下，因为使事需要较熟悉南海情况的官员，故被调遣为这次外交活动的使臣。

康泰、朱应出使南洋之事，《三国志·吴书·孙权传》中未有记述。据史学家陈序经《扶南史初探——古代柬埔寨与其有关的东南亚诸国史》考说，二人出使时间约在吴赤乌七年（244）至神凤元年（252）。陈佳荣《朱应康泰出使扶南和〈吴时外国传〉考略》考二人出使时间在吴赤乌八年（245）至太元元年（251）。这一时间，已在吕岱离开岭南之后。由此得出结论是朱、康出使晚于吕岱任交州刺史时。

《三国志·吴书·吕岱传》云："（吕）岱既定交州，……又遣从事南宣国化，暨徼外扶南、林邑、堂明诸王，各遣使奉贡。"吕岱为吴国重臣、将领，延康元年（220），代步骘出任交州刺史，平定桂阳、浈阳间的王金叛乱，升任安南将军，封爵都乡侯。黄武五年（226），吕岱平定士徽叛乱，控制岭南，晋封为番禺侯。任交州刺史时，吕岱多次派官员"南宣国化"，出使"西南大海洲"（南洋群岛）以及今东南亚一带众多国家，使扶南、林邑、堂明（今老挝中、北部）等国纷纷遣使至吴朝贡。黄龙三年（231），南方清平稳定，吕岱被召还率军驻扎长沙郡沤口（今湖南茶陵县东南）。

对此，必须认真讨论。一是"南宣国化"当属国家行为，必须出自朝廷之命，并非地方能够作主的事；二是吕岱遣使之事，只见载于《三国志》本传，所述南海国家众多，关于此行的其他记述却为零，提及出往之地与《梁书》提及朱、康出使范围基本相符。三是孙权遣使是源于他称帝之后扶南诸外国来献琉璃的反馈。《梁书》将吴孙权遣宣化从事朱应、中郎康泰出使使用了"通焉"之词，可以理解为开通来往，那么，吕岱在此前就能派人前往南宣国化，岂非时间倒置？因此，将《梁书》及《三国志》所载遣使南海之事相对照，显然是同一事件。何况所有的古籍对此行的具体时间都没有记述，则今人之论述不足以推翻孙权遣使与吕岱派官员南宣国化为同一事件。康泰、朱应无疑是东吴时派出往南海诸国的友好使团的领队人，是迄今所知的这一时期中国官方友好航海活动仅有两位有名有姓者。将朝廷官员与交州地方官员并列遣使的做法，反映了交州在此次外交活动中的重要作用。启航地点，大概率也只能是当时交州州治的番禺。

吕岱平定交州在黄武五年（226），为孙吴采取对南洋的通好活动提供了必要的条件。其时，孙权采纳吕岱的建议，分交州之南海、苍梧、郁林、合浦四郡置广州，州治番禺，以吕岱为刺史。这次交广分州而治的时间不长，不久复为交州一州，州治仍在番禺。吕岱先后任广州、交州刺史，治所都是在番禺。遣使是紧接平定交州之后的举动。事关外交，《三国志》所载吕岱"遣从事南宣国化"，当为孙权的决策。

之所以选择交州为对外交往的出发地，重要原因是地理条件。正如《水经注·河水》引载《扶南传》所言："如《传》（按：康泰《扶南传》），自交州至天竺最近。"

学界有一种观点，说是《汉书·地理志》记述汉武帝时官方商船前往南海诸国的港口只点出徐闻、合浦，是因为远航船只的技术装备受限制。姑不论此说难以对《史记》《汉书》将番禺称列"都会"作出解释。还可从史籍所载海外来往首次直接标明广州（番禺）作为港口的地名在晋初的文献记录入手作分析。《艺文类聚》载晋殷巨《奇布赋》记：

> 惟太康二年（281），安南将军广州牧腾侯（即滕修）作镇南方，余时承乏，忝备下僚。俄而大秦国奉献琛，来经于州。众宝既丽，火布尤奇。

这是历史上外国使臣来华先航海抵达广州（番禺），再转赴京城的第一次记载。也可证外国使节从海道入华的路径，以广州为接待口岸。黄启臣主编《广东海上丝绸之路史》评述此事称：

> 广州居南粤中央，北有近道通中原内地之利，遂成为两晋南朝海外贸易的主要港口。在孙吴时期尚无明确记载海上丝绸之路的商船直接启航或抵达的广州，终于在西晋太康二年（281年），被载入史籍，成为大秦遣使来中国的登陆港口。

六朝时期，南中国政治中心已转移到江南建康（今江苏南京市），使广州与内地的政治、经济关系更加密切的不是"通中原内地"，而是通江南内地。广州成为南方政权的重要腹地，在国家的政治活动中充当了更加重要的角色。《奇布赋》中所记的西晋时大秦国来使抵广州是在滕修"作镇南方"时之事，可证滕修是在孙吴、晋初期间接连"作镇"广州的。太康二年（281）离吴亡才两年，广州不可能在吴晋兴替这两年间即完成晋升出洋港口的蜕变。因此，只有在吴时已为外舶来华必经之港口一种可能，不能因为"无明确记载"而抹杀这一事实。

三国时期康泰、朱应出使东南亚地区及其相关著作，是中外海上交通史上的一个重要事件和成果，其出发地点史籍无载，尚无考古文物的实证，而从相关文献的佐证，特别是将《三国志·吕岱传》与《梁书·诸夷海南诸国传》作对比研究，以各正史中的"扶南传"相关记载为线索，可见其从当时的交州州治番禺出发之端倪。期待有更多的文献、考古发现对康、朱出使南洋从广州启航有进一步的证实。

葛洪岳父是鲍玄还是鲍靓

　　葛洪是中国古代著名的道教宗师、化学家、医学家，他在岭南的活动事迹及著作对后世颇有影响。他与南海郡太守之女鲍姑结为良缘，同心同德修道济世的故事更是广为流传。葛洪岳父是他的求道之师，不仅着力栽培，还将女儿鲍姑许配于他，合力成就事业，更在越秀山南麓建造越冈院（今三元官），为他们提供了安身修道的优越条件。葛洪岳父名称，史志所载或称鲍靓，或称西鲍玄。此二人史上皆实有其人，均任过南海太守。葛洪岳父是其中哪一位，不仅关系葛洪生平重要轨迹，还涉及现为全国重点开放官观、广东省文物保护单位的三元官前身越冈院的创建时代，值得一考。

　　先从葛洪的身世说起。葛洪，字稚川，自号抱朴子，丹阳句容（今江苏句容县）人，西晋太康二年（281），出生于原本显赫但没落了的官宦之家。祖父葛玄，曾任三国吴吏部尚书、大鸿胪、光禄勋、辅吴将军等要职，又是道教灵宝派祖师；其父葛悌，仕吴为官，入晋任邵陵郡（今湖南省邵阳市）太守。葛洪小时受父母娇宠，生活懒散，好学而未苦读。13岁丧父，家乡屡遭兵火，家境日下，使他受到极大震动，振奋起来，刻苦学习，背着书箱四处求借书籍，以砍柴所得换取纸笔，夜间抄书诵习。16岁起，他遍览儒家经典，时常远涉千里寻书问义，对神仙导养之学尤感兴趣。葛洪师事郑隐，间接学到郑隐之师葛玄的炼丹秘术，其后师事南海太守鲍玄。

《晋书》"葛洪传"对葛洪师事鲍玄之事记载十分清晰：

> 后师事南海太守上党鲍玄。玄亦内学，逆占将来，见洪深重之，以女妻洪。洪传玄业，兼综练医术，凡所著撰，皆精核是非，而才章富赡。

这里说明了三个情况：一是葛洪岳父名叫鲍玄，籍贯上党（今山西省长治市上党区），官任南海太守；二是鲍玄是葛洪恩师，也是岳父，长于道术；三是葛洪很好地师承了鲍玄术业，兼练医术。

然而，后世志籍却未完全按此版本记述。

《广东省志·人物志》"葛洪传"记述：

> 光熙元年（306），葛洪旧友嵇含任广州刺史，委任他做参军，葛有意去南方避乱，遂欣然前往。嵇含遇害身亡后，葛逗留广州，……并结识了南海太守鲍靓，拜其为师。鲍靓十分赏识葛洪的才华，以女儿鲍姑许配。

在此记述中，葛洪的师父、岳父从《晋书》本传的"南海太守鲍玄"变成"南海太守鲍靓"，事情发生时间在西晋末期的光熙元年间。

《广州宗教志·道教·三元宫》记载：

> 三元宫初为越冈院，东晋年间，南海郡太守道教徒鲍靓为其女鲍姑在此修道行医而建。

在此处记载中，鲍姑的父亲、葛洪的岳父也是鲍靓，但鲍靓任南海太守的时期变成了东晋。

《广州宗教志》所据即明清时期的地方志书。清以前的广州城为南海、番禺二县分治兼二县治所，"三元宫"位于南海县境内，相关志书为《南海县志》。志载称越冈院在明万历年间改称三元宫，然而在明万历、崇祯及清康熙年间所修诸《南海县志》，自明至清康熙诸《广州府志》，自明至清雍正诸《广东通志》的"寺观"门类中，均未记载越冈院或三元宫，也就无从述及越冈院的创建人。

自清乾隆时期起的《南海县志》"寺观"门始设"三元宫"条目。该志"三元宫"称："在粤秀山，东晋南海太守鲍靓建，名越冈院。万历及崇正重修，改名三元宫。"此处记载，建越冈院的南海太守是鲍靓。

明清《广州府志》中，最初设有"三元宫"条目的是乾隆《广州府志》。修纂于乾隆六年（1741）的《南海县志》和修纂于乾隆二十四年（1759）的《广州府志》中的"三元宫"条目，内容完全一致，这不奇怪，因为府志是依据县志提供的资料编修的。

综上所述，乾隆《南海县志》是旧志中最早载述广州"三元宫"的条目，其内容为此后的《广东通志》《广州府志》《南海县志》所沿用，直至道光《广东通志》、光绪《广州府志》、道光《南海县志》的"三元宫"条目内容，皆一字不变。唯同治《南海县志》中未列"三元宫"条目，是因为"三元宫"在第二次鸦片战争的咸丰七年（1857）毁于英军炮火，同治十年（1871）方得重修，所以同治十一年（1872）刊刻的县志未及记载此道观。可见，所有旧志所载"三元宫"条目，述及创建越冈院的葛洪岳父，因因相承都说是鲍靓。

除了志籍，碑刻也可作为参考。"三元宫"内现存最早碑刻，为清同治年间之碑。《广东碑刻铭文集》收有清代修建"三元宫"碑刻6方，立碑时间从清顺治十三年（1656）至同治十年（1871）。这些碑刻中，只有乾隆四十五年（1780）《鲍姑祠记》述及越冈院的始建时间和创建者，记称："鲍姑，东晋元帝时南海太守鲍（讳）靓之女，葛仙翁之配也。""三元宫"中现存1944年撰立的《广东省广州市粤秀山三元宫历史大略记》碑，碑文称："三元宫在粤秀山麓，东晋时南海太守鲍靓建，名越冈院。"看来，这些碑记述及创观人物及时间当从志书上抄录而来。

总之，由于志、碑所载，坐实了越冈院创于东晋，葛洪岳父叫鲍靓的说法，完成了从《晋书》记载的鲍玄到志、碑所述的鲍靓的转变。

说起来，鲍靓名气更大，《晋书》未为鲍玄立传，鲍靓则传列《晋书·列传·艺术》。《晋书》列传分类的"艺术"，不是当代文学艺术的概念范畴，而是泛指六艺以及术数方技等，汉为"方术"，魏为"方伎"，晋称"艺术"。《晋书》"葛洪传"属于人物正传，"艺术"一类的列传人物都是术士、僧人，人数不多，可见鲍靓在晋代是以道教人物身份而声名显赫的。

《晋书》"鲍靓传"注重于从道行角度写鲍靓：

> 鲍靓，字太玄（按：以字称鲍太玄，易与鲍玄相混），东海（今江苏灌云县）人也。年五岁，语父母云："本是曲阳李家儿，九岁坠井死。"其父母寻访得李氏，推问皆符验。靓学兼内外，明天文河洛书，稍迁南阳中部都尉，为南海太守。尝行部入海，遇风，饥甚，取白石煮食之以自济。王机时为广州刺史，入厕，忽见二人著乌衣，与机相捍，良久擒之，得二物似乌鸭。靓曰："此物不祥。"机焚之，径飞上

天。机寻诛死。靓尝见仙人阴君，授道诀，百余岁卒。

"鲍靓传"集中地记载他的修道事迹，行事怪异。传中透露出一个重要时证，即他是在王机任广州刺史时任南海郡太守的。王机任广州刺史在西晋永嘉六年（312）至建兴三年（315），则鲍靓任南海太守是在西晋时期而非东晋时期，"东晋南海太守"的说法不合史实。这还涉及判断葛洪与鲍姑结好时间，究竟在西晋还是东晋时期，也关系到越冈院究竟创建于东晋还是西晋的问题，事非小可。

显然，山西鲍玄与江苏鲍靓不是一个人，他们就任南海太守的朝代也不同。证之广东地方志书的记载，存在混乱情况，使问题更趋复杂化。

造成葛洪岳父任南海太守的时间，竟有西晋、东晋时期不同说法的原因是，葛洪有在西晋和东晋时期先后两次入岭南的经历。

葛洪第一次南下，时在西晋。光熙元年（306），友人嵇含任广州刺史，邀请年方24岁的葛洪去作参军。《晋书》载嵇含在赴任广州刺史途中遇害，葛洪应邀先抵广州，因此流寓岭南。然而，嵇含著有《南方草木状》一书传世，当为其入岭后所写，说明他有可能到任广州，葛洪也有可能在他手下任职，只是时间不太长。葛洪在岭南逗留几年没有结果，只好回到家乡去，后又因军功被赐爵关内侯。

东晋政权建立后，咸和元年（326），负责修国史的干宝举荐葛洪参与修国史，任散骑常侍、领大著作。葛洪推说年老，一心只想炼丹延寿，听说交趾出产丹砂，正合炼丹制药之需，请求去当句漏（今广西北流）县令。晋元帝认为他当县令职位太低了，但他再三说明自己只为炼丹，元帝也就应允了。

葛洪重来广州，时在东晋，年近半百。广州刺史邓岳恳切挽留，于是他就在广州留下来，其实是看中罗浮山为炼丹修道的好地方。邓岳上表补授他为东官太守，他辞谢不就，另荐侄子葛望出任邓岳的记室参军，自己径往罗浮山修道炼丹。

可惜，史籍所载的葛洪的上述经历，都未明确述及葛洪与南海太守有交集之事。为考证其岳父是东晋太守还是西晋太守，只能另辟蹊径，证之地方志书对晋代地方长官任职的记载。

明嘉靖《广东通志初稿·秩官上》中，鲍靓与鲍玄均列名于"晋太守"目下，鲍玄名下加注有"南海太守"，鲍靓名下不加注。稍后的嘉靖《广东通志·职官表上》中，鲍靓、鲍玄两人均任职南海太守，鲍靓名下注有"永嘉中任，见外志"，鲍玄名下则注"上党人"。然而，嘉靖《广东通志·外志》中的"鲍靓传"又称："晋鲍靓，字太玄，上党人"，说法与《晋书》"鲍靓传"不一，与同书职官表所记也自相矛盾，造成鲍靓与鲍玄事迹相混。

在此基础上，志书上的"鲍靓传"又续有新编内容。嘉靖《广东通志·外志·仙释》撰"鲍靓传"：

> 鲍靓，字太玄，上党人。汉司隶宣之后。年五岁，语父母云："本是曲阳李家儿，九岁坠井死。"其父母访得李氏推问皆符验。靓禀性清慧学通经史。修身养性。蠕动不犯。闻人之恶，如犯家讳。明天文河洛书，人多从受业，扬道化物，号曰儒林。太兴元年，遇阴长生授以神丹尸解之法。稍迁南阳中都尉，为南海太守。尝行部入海遇风饥取白石煮食以自济。王机时为广州刺史，入厕见二人著乌衣，与机相捍良久，擒之，得二物似乌鸭。靓曰："此物不祥。"

机焚之，竟飞上天。机寻诛死。靓以女妻葛洪，洪居罗浮，靓昼临民政，夜常往来山中，或语论达旦，腾空而去，人见其来，门无车马，独双燕往还，或怪而候之，则双履也。后还丹阳，年百余岁，卒于石子冈。苏峻之乱，发棺无尸，但有大刀而已。贼欲取刀，闻左右有兵马声乃惊走，贼平之后，收刀复葬之。

全文引述此传，是为了与上面所引的《晋书》"鲍靓传"作对比。可见，嘉靖《广东通志》"鲍靓传"基本上抄录了原传主要内容，而在关键地方又作了篡改，最明显的是将《晋书》传称鲍靓东海人改为上党人，还加入不少传闻怪诞之事。这说明，明代修《广东通志》时，已将地方盛传的民间传说与《晋书》所述相混，记述鲍靓的行为显系民间传说、小说笔记的产物，不足为考证文物、历史所用。

此外，也不知出自何据，晚清光绪《广州府志·职官表》载，鲍玄（该志为避讳作"元"）于西晋惠帝间（290-306）任南海太守，鲍靓于西晋怀帝间（307-313）任南海太守，不仅把此两人任南海太守先后时间颠倒过来，与《晋书》所载鲍靓东晋时任南海太守时间也不同。反观清道光《广东通志》的"宦绩录·葛洪列传"，全文引用《晋书》"葛洪列传"，对葛洪在广州事迹，只说"邓岳留不听，去。洪乃止罗浮山炼丹。岳表补东官太守，又辞不就，乃以洪兄子望为记室参军"。此传一字未言及南海鲍太守及女妻葛洪事。该志职官表中的晋"怀帝朝"栏中，太守"鲍靓"名下注："字太原（当避帝讳改玄为原），东海人，南海太守。据《晋书》本传及许迈传。"如此处理，体现了阮志以严谨著称的精神。

由于葛洪生平中可能两度来粤，第一次在西晋且有说不清的环节，第二次在东晋且终其一生于此，因此东晋说占了上风；为了将葛洪岳父指认为名气较大的鲍靓，进而又将西晋南海太守鲍靓改为东晋南海太守。这大概是事情演变的经过。

据以上所述，至少可以得出这样的结论：上党鲍玄、东海鲍靓是两个人；关于葛洪岳父最早可靠的文献记载是《晋书》，据该书所载，葛洪师事且为其岳父的是鲍玄；鲍玄是东晋南海郡太守。进而可见，这些语法与现在所见的旧志、碑刻所述葛洪与越冈院（三元官）关系的资料并不一样。依照年代久远较为可靠的论证，这些旧志、碑刻的语法并不可靠，原因在于鲍靓与鲍玄的事迹在明代广东已经搞混了，现存又只见明以后志书。称鲍靓是葛洪岳父的碑记，均为清代以后所立，所据又当是志书，当然也不可靠。由此说明，考史不能纯信志书、碑刻，还须持慎重严格的态度，证以史籍，方能还原史实。

达摩是否创建了西来庵

　　菩提达摩（志籍或译为"达磨"），中国佛教史称禅宗始祖，是一位有重大影响的来华外国僧人，其事迹还关系到今广州华林寺的渊源。关于达摩于梁武帝普通八年或大通元年（527）泛海抵广州，于登陆处建西来庵，西来庵为华林寺前身之说，多所沿用。如黄夏年《菩提达磨与达磨画》一文称：达摩"在广州登陆的地方建造了华林寺，该寺也就成为'初来西地'。"

　　达摩是否在"西来初地"创建了西来庵呢？

　　先说达摩在广州登陆的时间。

　　最早记述达摩行止的古籍，是南北朝时北魏杨衒之《洛阳伽蓝记》，是与达摩同时代的著述。书中记述了达摩观看洛阳永宁寺塔的事迹：

　　　　西域沙门菩提达摩者，波斯国胡人也，起自荒裔，来游中土，见金盘炫日，光照云表，宝铎含风，响出天外，歌咏赞叹，实是神功。自云："年一百五十岁，历涉诸国，靡不周遍。而此寺精丽，阎浮所无也。极物境界，亦未有此。"口唱"南无"，合掌连日。

达摩自称时已150岁，这当然不可信，但《洛阳伽蓝记》记述他在洛阳的经历当不可能无中生有。

胡适《菩提达摩考》据《洛阳伽蓝记》考得，达摩入华时间早于梁武帝普通八年或大通元年（527）：

> 达摩在洛阳当在此寺（按：指永宁寺）的全盛时，当西历516至526年。此可证《景德传灯录》所记达摩于梁普通八年（527）始到广州之说是不确的了。

最早为菩提达摩立传的是唐道宣《续高僧传》。传载：

> 菩提达磨，南天竺婆罗门种。……初达宋境南越，末又北度至魏，随其所止，诲以禅教。

据此，达摩抵华时间在南朝刘宋年间（420—479），早于梁普通八年或大通元年（527）。按《续高僧传》所载，就算达摩抵广州在刘宋末年，又在永宁寺全盛初时到了洛阳，至少也在37年后。但是，《洛阳伽蓝记》并没有明确说是达摩在永宁寺全盛时到了此寺，记述的是他在洛阳见到了永宁寺楼阁式大木塔一事。但此塔因火灾毁于永熙三年（534），因此，说他在梁普通八年或大通元年（527）到达广州，几年后到了洛阳，也不是没有可能的。

再说达摩登陆及驻锡地点。

今存最早的广州府志，是刊刻于明成化九年（1473）的《广州志》。该志"悟性寺"条目关于达摩的记述，是广州地区志书对达摩登陆广州行迹最早的记载：

> 悟性寺，在郡北粤台下。梁普通七年，达磨禅师自西竺航海至，凿井一号达磨泉。南汉大宝间建寺于泉北，以达磨悟性成佛，故名。

此记载说明，至迟到明代，达摩于梁普通年间在广州登陆的说法已为地方志所载，登陆时间与今时广为流传的普通八年仅出入一年。

成化《广州志》中还收录有元至正五年（1345）黄观光撰《重修悟性寺记》，印证了悟性寺之名与达摩的关系："萧梁时达磨西来……当时锡卓越山之麓，因创兰若曰'悟性'。"关于悟性寺，有两点需要说明。

一是悟性寺是光孝寺的附属寺院。光孝寺及前身寺院，在周边有由外来之僧另建的寺院，《光孝寺志》载：

> 按：本寺廊外界址，原系十房僧徒自行盖造居住，相传世守。既而有穷乏转卖与士民为书舍者，亦有外寺之僧买入而居者。

悟性寺即属于这一类型。

二是悟性寺在嘉靖三年（1524）并入光孝寺。《越秀史稿》称今"三元宫"自唐代起至明代曾改为寺院，寺名即悟性寺。天顺年间黄谏《广州水记》还说道："因暇乃登粤秀山，转而西行，憩悟性寺中。"但此悟性寺既然在南朝时属今光孝寺之附属寺院，不可能是当时还是道观的"三元宫"改称的寺院。

大概是因为嘉靖时悟性寺并入了光孝寺，以至乾隆《光孝寺志》直接说是达摩驻锡光孝寺，称：

普通八年，达摩初祖至自天竺，止于诃林。

……

梁武帝普通八年，达摩初祖至寺。……今大殿东南角大井，初祖住此所穿也。……

《南海志》称，罗汉井在光孝寺东廊，相传达摩洗钵于此。

达摩井　在寺东界法性寺内。旧志失载。

此《南海志》似指元大德《南海志》，今存残本未见此一内容。从引文可见，记载达摩驻锡诃林洗钵的文献，只能追溯到元代，此前"失载"。

这些较早期的志籍记述表明，达摩抵广州后，曾驻锡于今光孝寺所属周边寺院。当然，也不排除达摩驻锡光孝寺前身寺院的可能。今光孝寺址上，最早在三国吴时创建制止寺，达摩之前，就有晋代昙摩耶舍、刘宋求那跋陀罗、梁智药等西僧来华在此寺驻锡并从事翻译佛经的记载，可见此寺一直是官方接待西来高僧并作为译经驻锡场所。倘达摩登陆驻锡于此，其后"广州刺史萧昂表闻，帝遣使迎至金陵"之事，也就顺理成章了。

嘉靖黄佐《广东通志》"外志·达摩"条目称：

梁僧达磨者，本天竺王子，以护国出家，普通间入南海，止王园寺……今广州城北悟性寺井甚巨，相传以为达摩所穿云。

此条目中，始称"达磨"，后称"达摩"，转录的当不止一处资料。《黄志》称达摩"止王园寺"，寺志称其"止诃林"，意思一样。同一条目中出现王园寺、悟性寺之名，正反映其渊源关系。

康熙《广东通志》"达摩传"称："达摩，天竺王子，以护国出家，普通入南海，止王园寺。"该志设有"华林寺"条目，是"华林寺"一词始见于《广东通志》。记述"梁普通七年，西天达摩……至此始建，国朝顺治十一年宗符禅师重修"华林寺。同一志书所载达摩在广州登陆驻锡之地说法不一，留下了达摩事迹在载籍中演变的轨迹。

最后说说西来庵。

今见关于"华林寺"存世的最早文献，是立于清康熙二十年（1681）八月的《华林寺开山碑记》。10年后刊刻的康熙《南海县志》则成为最早出现"华林寺"一名的地方文献，反映了华林寺名在此一时期出现。碑记称：

> ……法乳渊源，西来一脉，我华林寺，实肇其基焉。寺踞广州羊城西郭，……旧称西来庵，地曰西来初地。乃萧梁大通元年，达摩尊者自西域航海而来，登岸于此，故名。至今三摩地，西来古岸，遗迹犹存。前明嘉靖间，慧坚老宿悬记云：一百单八年，当有大善知识在此建立法幢。崇祯初季，我师宗符老人，由漳州行脚入粤，路出西来。先一夕，庵主梦金翅鸟，翱翔空际，光烛茆茨。及见师，大奇之，愿布坐具地为建道场。师以志切游方，力辞不就。厥后，……复飞锡南来……爰拓基址，定方隅，引河流为功德水，植林木为祇树园。首建大雄宝殿，次及楼阁堂庑寮室庖湢，无不圆成。榜曰"华林禅寺"。乃国朝顺治乙未岁也。

分析碑记所述，可说明几个问题：

其一，碑文只说达摩登岸地称西来初地，未述及达摩在登岸地建寺庵；只说华林寺旧称西来庵，建于西来初地，对西来庵沿革语焉不详。

其二，碑称嘉靖年间，有和尚预言108年后"有大善知识在此建立法幢"。由华林寺建成的顺治十二年（1655）前推108年，是嘉靖二十六年（1547），当时这里没有什么寺庙，才需要预言日后在此"建立法幢"。

其三，崇祯初时，这里已建有寺庵，但规模不大，才有庵主梦见金翅鸟之兆。乾隆四年（1739）《鼎建西来禅院关帝圣殿碑记》，称华林寺为崇祯十五年（1642）、十六年（1650）"创建"，"初止一椽，足蔽风雨，中奉佛座，未有廊庑榱桷漆饰丹艧之煌煌也"，可证崇祯初时西来禅寺规模不大。

其四，崇祯年间，宗符禅师到西来初地，力辞庵主布地建道场之请，"厥后"（应在清初）复来，"首建大雄宝殿，次及楼阁堂庑寮室庖湢"，至顺治十二年（1655）落成，寺名始称华林禅寺。此为华林寺得称的确切年代。26年后，才立起《华林寺开山碑记》。

华林寺向有"旧称西来庵"之说及达摩在西来初地结草建庵之说，亦屡见于今人著述。为正本清源，遍查今存明清《广东通志》（简称《通志》）、《广州府志》（简称《府志》）、《南海县志》（简称《县志》）及相关古籍，情况如下：

南宋《舆地纪胜》《方舆胜览》，明代《通志》，康熙十二年（1673）及此前的明清《府志》，康熙三十年（1691）及此前的明清《县志》，均只字不提华林寺及西来庵。只有成化《广州志》载有元人"西来堂"碑记。该志"寺观·番禺县·西来堂"条称：

　　西来堂，在郡泰通坊虾栏巷。按：碑云，自唐宋来已有其堂。元延祐丙辰居士觉真始广精舍，至顺辛未毁于火。
嗣法欧阳觉通与□帅斡赤答失复鼎新，扁曰'西来院'。元
末复毁。国朝洪武七年僧惠福重建。

成化《广州志》还收载有元人陈植撰于至元五年（1339）的
《重修西来堂记》，这是今见关于"西来堂"的最早文献。记称："凡
寺名西来者，以达摩自西域入中国，而人信者众矣。番禺城之西
南有堂，自唐迄今盖亦有年。"这也是广州地区文献记载中最早
出现"达摩"字样。这篇碑记记述了西来堂就是供奉达摩的寺院，
始建于唐代，一直延续到元代。

西来堂建于番禺县城西南，元代因毁于火复建，匾称"西
来院"。元末复毁，明初再度重建。西来堂地处的泰通坊，见
清乾隆《番禺县志》，为广州城内番禺县辖境的旧十一坊之一，
乾隆时此十一坊已改制为三坊两厢，三坊之一仍为泰通坊。民
国时此地名不复存。曾昭璇教授认为此坊位置可能在今海珠南
路一带。可以肯定，明代西来堂址不在原南海县境的今华林寺
址上。

嘉靖十四年（1535）刊刻的《广东通志初稿》，未述及达摩
及西来庵。嘉靖四十年（1561）黄佐纂修的《广东通志》，设有"达
摩"条目，未述及西来庵。此后的万历、崇祯《县志》，对达摩
及西来庵的记载情况与黄志相同。

地方志籍中，最早记载的康熙《通志》"华林寺"条目，作如
是记述：

在城西南一里，梁普通七年，西天达摩从本国来泛重
溟，凡三周寒暑至此，始建。国朝顺治十一年宗符禅师重

修，环植树木，方成丛林。师闽人受天童弘觉国师法印。

此条目较为粗略，记述华林寺于梁普通七年由达摩"始建"，未言及西来庵之名。从其记述中可见沿袭《华林寺开山碑记》的痕迹，而"重修""始建"之说则为原碑所无，其对后人有很大影响。此后的雍正、道光《通志》，乾隆、道光《府志》所载"华林寺"条目内容，均来自康熙《通志》。嘉庆年间刊刻的仇巨川《羊城古钞》，所言亦如出一辙。是见志籍关于达摩至西来初地及华林寺之说，均由康熙《通志》而来，又只能上溯至康熙《华林寺开山碑记》。

明清志书均未见"西来庵"条目，唯独明成化《广州志》对西来堂有较详细的记述。

华林寺内原立有《鼎建西来禅院关帝圣殿碑记》(今移藏广州博物馆碑廊)，称此处的寺院系"明壬午癸未间父老所创建"，即创建于明末崇祯十五、十六年(1642、1643)，这与《华林寺开山碑记》的记载相对应，也印证了华林寺今址前身的西来庵创建于明末的史实。但广州城内番禺县西来堂建成在前，城外南海县华林寺建成在后，两者之间是否存在渊源关系，尚不能确证。

根据对旧志、古籍的考证，得到的结论是：达摩登陆广州最初驻锡地为光孝寺前身或附属寺院(南汉称悟性寺)；唐至明代，在广州城番禺县境内建有奉拜达摩的西来堂；华林寺前身，据文献记载可追溯至明崇祯年间的西来庵，清顺治时建成规模称华林寺；今见华林寺相关文献最早为康熙二十年(1681)立《华林寺开山碑记》；达摩始建华林寺(西来庵)的说法，是在清初华林寺建成后逐渐演变而来。

光塔是什么时代创建的

广州怀圣寺光塔是国家重点文物保护单位，是我国现存最古老的伊斯兰教建筑物之一。光塔建造时间，涉及伊斯兰教传入中国的初始时间，是研究中国伊斯兰教史、中外宗教文化交流史的重要问题，为不少专家学者所关注，至今众说纷纭。有南宋说、北宋说、唐说、隋说。

先谈南宋说。民国时期持此说者不乏其人。罗香林《蒲寿庚传》力主光塔为南宋初年广州的阿拉伯商人蒲玛哈咪、蒲玛哈谟兄弟倡筑。陈垣《回回教入中国史略》认为是南宋建筑。日本学者桑原骘藏1915年陆续发表《提举市舶西域人蒲寿庚之事迹》，至1929年结集出版《蒲寿庚考》，推断怀圣寺和塔为南宋所建，对中国学术界影响较大。

白寿彝《跋〈重建怀圣寺记〉》云："其创建时期最早恐不过在绍熙壬子前百年之内（公元1091至1191年）。唐建之说不足信也。"绍熙壬子即南宋绍熙二年（1191），此前百年为北宋元祐六年（1091），此说跨北宋晚期至南宋前期。

再谈北宋说。持此说者人数不多，却一度较活跃。廖大珂《广州怀圣塔建筑问题初探》中的看法很有代表性："广州怀圣塔应当属于公元11世纪的建筑物，也就是说它建筑年代不在唐代，而是在北宋元祐之前的年代；同时它的创建者是来自波斯。"

相比前两说，唐说出现最早，且持论者众。《南海百咏·番塔》诗序称"番塔"（光塔别称）："始于唐时，曰怀圣塔。……《历代沿革》载怀圣将军所建，故今称怀圣塔。"地方志籍多沿此说。黄佐《广东通志》称怀圣寺"唐时蕃夷所创，内建蕃塔，轮囷直上，凡十六丈五尺"。清魏源《海国图志》、仇巨川《羊城古钞》、樊封《南海百咏续篇》、屈大均《广东新语》、道光《南海县志》、光绪《广州府志》、道光《广东通志》均沿此说，今人也有不少支持唐说的。

持唐说者又有不同年代说法，主要有武德年间（618—626），贞观元年（627）、三年（629）、六年（632）以及天宝十二年（753）等各说，均在唐前期，相差百余年。光塔南门上方阿拉伯文碑记，为1934年重修光塔所立，译文有"此塔建于回历一千三百五十一年，即唐贞观皇帝的第一年"句。1941年李景新撰《广东之国际交通史》，称："（怀圣）寺塔乃唐时回教徒所创设，以作祈祷呼报者。"古建筑专家龙庆忠在1984年北京科技史国际会议上发表论文，声称："为证明广州怀圣寺是建于唐初，特从现在可能收入的文献资料，来研究该寺自唐以来的礼拜堂及前之月台、门廊、院子之尺寸风格以及其左前光塔之尺寸风格。"古建筑专家邓其生《广州怀圣寺的建造年代考释》称："广州怀圣寺始建年代不会超过唐贞观六年（632），即不会早建于麦地那先知寺之前，也不迟于唐大中五年（851），因这年苏莱曼来广州已看过怀圣寺。比较合情理的说法是：怀圣寺是建于唐天宝十一年（752）左右。"地理学家曾昭璇则撰《广州怀圣寺光塔兴建时代考》，力主光塔为唐建。

此外，还有隋说。该说最早见于泉州元至正十年（1350）立吴鉴撰《重立清净寺碑记》："至隋开皇七年，撒哈达阿的于葛思者，自大食航海至广东，建礼拜寺于广州，赐号怀圣。"清《清真释疑补辑》也持此说。但伊斯兰教初兴，由麦加人穆罕默德（约570—632）创传，隋开皇七年（587）时间显然过早。此说可以排除。

对怀圣寺存在最有力的证据当然是亲睹亲登者的文字记述。

南宋岳珂所撰《桯史》"番禺海獠"条目，说是当时聚居广州番坊的番人，以占城（今越南中南部）姓蒲的最为富有。蒲家住处富丽奇伟，屋后是"高入云表""外圜而加灰饰，望之如银笔"之塔。"下有一门，拾级以上，由其中而圜转焉如旋螺，外不复见其梯磴。"塔外部光滑，梯磴建在塔内，番人看管很严，居然还是被人偷去塔顶那只大金鸡的一只脚。官府对这宗涉外盗窃案认真勘查，苦于没有蛛丝马迹，破不了案。后来，盗贼终于在兜售赃物时被拘获，供认了作案过程。这家伙觊觎塔顶金鸡已久，颇费一番心机，策划十分缜密。他身带干粮潜进蒲家，在梁上栖身三宿方得隙闯进塔内，白天潜伏塔顶，晚上出来行窃。这只金鸡又大又重，只能用钢锉锯断偷走一只脚。他事先准备了两把锯短伞柄的雨伞，东西到手，等天刮大风就撑起雨伞，像鼓动两翅般降落到地上。岳珂记的是当世的事，所描写的光塔形制与今无异，足证光塔时已屹立。

北宋时期亲睹光塔者的诗作，可追溯到元祐三年（1088）。诗人郭祥正时任端州（今广东省肇庆市）知州，他与广南东路经略安抚使、广州知州蒋之奇私交甚好，时常往来广州同游名胜，唱和咏赋。郭祥正的《广州越王台呈蒋帅待制》《同颖叔修撰登番塔》是最早描写光塔的诗。《广州越王台呈蒋帅待制》描述从越秀山上俯瞰城内，可见到"蕃坊翠塔卓椽笔，欲蘸河汉濡烟煤"。《同颖叔修撰登番塔》是他登上番塔的记述，更为难得。诗称：

> 宝塔疑神运，擎天此柱雄。势分吴越半，影插斗牛中。
> 拔地无层限，登霄有路通。三城依作镇，一海自横空。
> 礼佛诸蕃异，焚香与汉同。祝尧齐北极，望舶请南风。
> 瑞气凝仙露，灵光散玉虹。铎音争响亮，春色正冲融。
> 视笔添清逸，凭栏说困蒙。更当高万丈，吾欲跨冥鸿。

由诗句可知，蕃塔"擎天此柱雄""拔地无层限"，是外表不分层数的摩天建筑；"登霄有路通"指里面可拾级而上；"望舶请南风"有导航测候之用；"礼佛诸蕃异，焚香与汉同"说明阿拉伯商人也采取焚香礼拜的方式。以此确证北宋说，南宋说可息议。

如何将光塔始建时间推证至唐代，往者持唐说之论证，大体有以下几方面：

其一是从寺院建筑风格和布局规制分析。怀圣寺礼拜堂明间与次间比是唐初规制，礼拜堂、月台、门庆平面尺寸关系均合唐初尺，看月楼、门廊及礼拜堂保持了中唐甚至初唐建筑风格，塔砖与唐初砖尺寸相符。

其二是对唐代西澳古地形分析，番舶时可至塔下。又从地面相对高度变化测算，今光塔塔脚低于地面2米，正是唐代地面。

其三是引用中国、阿拉伯历史文献（包括穆罕默德："学问，虽远在中国，亦当求之"）分析阿拉伯人及伊斯兰教入穗年代之早。

其四是以在广州的番坊必有礼拜之需为背景条件。曾昭璇《广州怀圣寺光塔兴建时代考》推断蕃坊出现早于唐开元二十九年（741）。成书于唐大中五年（851）的阿拉伯人苏莱曼的《东游记》记述在广州聚居的伊斯兰教徒有"回教牧师一人，教堂一所"。

清真寺的建造可说是与伊斯兰教徒的活动同时出现。唐代阿拉伯人来广州做生意及定居者越来越多，官府在城西划定外侨居住区，定名"蕃坊"，怀圣寺及塔就坐落在蕃坊之内。苏莱曼之目睹，可证当时已有伊斯兰教活动及伊斯兰教清真寺。

其五是从《南海百咏》著者方信儒时任番禺县尉及题注多为亲历考察来考其作品的可靠性。今礼拜堂正梁、望月楼正梁以及其他碑文匾额上可见"贞观元年岁次丁亥秋鼎建"字样，这些建筑与碑匾都是后世之物。题记是清康熙朝所记，写出贞观年号具体到秋季，虽是重建建筑上的传抄之词，但未能确切考证其谬，也不宜轻易否定。更何况南宋方信儒《南海百咏》谓"番塔""始于唐时"，元郭嘉《重建怀圣寺记》称"世传自李唐讫今"，可视为佐证。

以上诸论证，涵盖历史文献、地理、考古、古建筑等多学科综合研究成果，有相当说服力。

与怀圣寺光塔相关的还有三个问题：作为一个建筑整体，为什么塔不在寺的中轴线上？为什么塔、寺建筑风格不一？为什么初时的光塔上有一只风信鸡？

美国著名的伊斯兰艺术专家约翰·D·霍格所著《伊斯兰建筑》提出：

> 如果我们给伊斯兰建筑下定义，认为它是先知穆罕默德的信徒们在公元第7世纪至第18、19世纪（在有些地方甚至更晚些）之间，在先知所创宗教（它有着各种名称诸如伊斯兰教、穆斯林教、穆罕默德教等）流行的地方所建造的建筑物，我们就会发现一种异乎寻常的多样性。所用材料不尽相同，从石头、砖或土坯直至木材，建筑技术也是

多种多样，从坚硬的方石到在像混凝土一样的芯板上镶嵌面板的各种形式的砖石建筑，从坚硬的砖块到镶嵌在土坯、砖坯或夯实土（teree pissee）芯板上的面砖等。

这是霍格对世界上受伊斯兰教影响地区的建筑进行全面考察之后的结论，其要点有二：伊斯兰建筑始于公元第7世纪（相当于我国的初唐时期）；世界各地的伊斯兰建筑无论是建筑材料还是建筑技术均具有多样性。

伊斯兰清真寺建筑建造原则和布局形制有一个逐步完善的过程，建于伊斯兰教传教初期的光塔有其特定背景。

光塔是砖石结构，而始建之寺却有可能是中国传统的土木结构，寺在元代毁于火而塔仍完好，只能解释为两者构材不同。寺、塔形制不一的情况，在中国古代比比皆是。唐代，中国古塔尚未定型，更何况怀圣寺塔是伊斯兰教清真寺的建筑，塔、寺风格不一是正常的事。唐时，广州城内传统木构大塔宝庄严寺塔尚屹立，光塔是另一种建筑模式，正说明光塔作为伊斯兰教传入中国的早期建筑物，有其特有风格和建筑方法。

宣礼塔（也有译称光塔）不建在寺的中轴线上，应是一些伊斯兰教清真寺的布局特色。宣礼塔是为了供呼唤者登高呼唤教民来做礼拜。北非第一座穆斯林城市凯鲁万（Kairouan）城内清真寺是该地现存最早伊斯兰建筑，该寺宣礼塔建于821年，位于围墙外部东南角。在中国，始建于北宋的泉州清真寺圣友寺，光塔建在大门上，大门则建在寺前方右侧。新疆吐鲁番清真寺宣礼塔（俗称苏公塔）则在寺前围墙西南角，与怀圣寺塔布局位置相同，或许受到怀圣寺影响。

怀圣寺光塔在建筑结构上也有早期伊斯兰教宣礼塔建筑特色。

光塔高36.3米，是唐代广州建筑物中已知最高者。塔位于大江边，当以圆柱形形体最能抗风，以砖、石砌成，内外墁灰，能抵风雨腐蚀。塔内砖砌蹬道盘旋而上，为我国古建筑首见遗物。采用螺旋蹬道的光塔，著名的有伊拉克萨马拉大清真寺螺旋形斜坡蹬道光塔，高52米，852年投入使用。开罗伊本·突伦清真寺光塔，建于876年—879年，石头建造，有螺旋形蹬道。这些螺旋形蹬道的光塔与怀圣寺塔有什么直接关系难以说清，但至少说明早期光塔有此一种建筑结构。光塔螺旋形蹬道不是外露而是建于塔内，当为岭南气候多雨潮湿，不同于阿拉伯地区之干旱，为登塔者避风雨及保护建筑物之故。

当初怀圣寺光塔顶上有一金鸡，《南海百咏》"金鸡飞转片帆归"诗句，说明塔顶金鸡有为船舶航行服务的风信鸡作用。北宋郭祥正的登番塔诗没有记述金鸡，却有"望舶请南风"句，间接记述了同塔顶金鸡有关的测风候作用。依伊斯兰教教义规定，伊斯兰教建筑装饰题材是几何花纹、植物花纹和文字花纹，不使用人或动物为建筑装饰。此伊斯兰教教义是逐渐完善，从8世纪起才明确的，早期伊斯兰教建筑装饰尚有不合此规定的个例。第一代清真寺中，据说在古波斯波利斯附近曾有一座有着公牛柱头的清真寺。在约建于739年之前的伊拉克迈夫杰尔遗址，装饰建筑屋顶有野山羊、运动员、全副武装的勇士以及舞女的立体形象，壁龛有以马赛克拼砌的狮子和羚羊。在约旦阿曼以南一处6世纪所建的哈里发冬宫遗址，雕刻有栖居于树上的动物或怪物，清真寺外面右侧图案以鸟为主角。

1996年1月1日《广州日报》载有在埃及发现的倭马亚王朝时代（661—750）一把铜壶照片，此壶为古代伊斯兰教艺术品，以昂首啼叫的公鸡为壶口装饰造型。传说穆罕默德生前极喜养鸡，即使征战途中也必携一只石公鸡。今巴格达一绿色圆顶王宫里供奉有一只石公鸡，传即此物。采用公鸡为呼礼塔装饰物，与此或有关系。光塔顶金鸡在明清时期屡被风刮堕又重装，1934年重修时改修成火焰形尖顶，反映了因河道南徙，光塔导航作用消失，风向标已没有存在的必要。不过，今时怀圣寺大殿月台栏板石刻的狮、鱼等图案，则是重建大殿时采用了附近堙废宫观的建筑材料之故，与上述论说无关。

由此可见，怀圣寺光塔作为早期伊斯兰教建筑特征是很突出的，可为唐建说补充证据。

关于怀圣寺塔在我国建筑史上的地位，建筑学家刘致平在《中国伊斯兰教建筑》中说得很清楚：

> 广州怀圣寺创建于唐，是我国伊斯兰教建筑中历史最古老的一所。不过现有建筑，除光塔（或叫邦克楼、唤醒楼）外，已全部为清代至解放后的建筑。光塔在我国建筑史上的地位非常重要，……它的砌筑技艺，无疑影响了后来中国的砖砌佛塔的技术。

综上所述，怀圣寺光塔的创建时间各说中，隋说与伊斯兰教的发源史相比过早，显然不可能。唐说迄今未有直接的文献证据，而从唐代广州蕃坊史事佐证以及对光塔的建筑状况及建筑材料实证；北宋说则有郭祥正登塔诗为证；南宋说则有岳珂《桯史·番禺海獠》记述为证。可以得出的结论是至迟在北宋，屹立于此地之塔已与今塔无异，而唐始建此塔则是极有可能的，唐建说已获学界较多共认。光塔建塔时间之早，具有建筑史、宗教史、中外交通史、中外文化交流史上的重要意义。

王勃碑记揭开六榕寺塔哪些身世之谜

　　初唐四杰之一的大文豪王勃，为今广州六榕寺塔前身的宝庄严寺舍利塔撰有《塔记》，此记不仅富有文学华彩，更为这座宝庄严寺舍利塔史迹留下了难得的记载。

　　广州六榕寺山门有一副楹联："一塔有碑留博士；六榕无树记东坡。"这副对联，迭经三位书法名家之手书写。起初是民国时期书法家彭尚志撰书，后曾由虚云大师弟子岑学吕重书，1980年又由书法家秦咢生补书。六榕寺对此联十分珍重，是因其高度概括了六榕寺的因缘故事。古时"博士"是对学问广博者的尊称，楹联所说"博士"即指鼎鼎有名的王勃，意为塔碑留下王勃的足迹。其实，应该说是王勃的《塔记》留下了塔的历史轨迹、早年倩影和异象也是现时能见到的关于宝庄严寺、塔创建史实的最早文献。

　　王勃在"初唐四杰"中名列其首，成名最早，成就最高，却寿命最短。他学识渊博，留下的著作甚多，今存《王子安集》16卷。

　　王勃才气横溢，因恃才傲物为同僚所嫉，又因违法致罪丢官，被判了死刑，恰逢唐高宗改换年号，大赦天下，才免于丧命。其父王福畤原在雍州为官，受到连累，贬任交趾骊州（今越南北部宜安一带）刺史。《新唐书》《旧唐书》本传说王勃南下是前往交趾省亲。据张志烈《初唐四杰年谱》所考，此行是伴随南贬之父亲同行。还有一说王勃是在探父归途中遇难。诸说不一，可以肯定的是他在此行途中遇难于北部湾防城海域。王勃遇海难之后，尸体和帆船残骸漂至同龙江（今越南兰江）会通口，当地百姓把他的遗体隆重安葬于此，建复伟祠并为王勃父子塑像以志纪念。越南乂静省（今乂安省）宜禄县宜春乡原建有王勃墓地及祠庙，1958年正殿被拆，1972年墓地及祠庙毁于战火，只存下王勃雕像。2016年重建祠庙，重塑王勃父子像，原王勃像则为村民收藏。

王勃南下，时在唐上元二年（675），年方25岁。他在豫章（今江西省南昌市）写下流传千古的《滕王阁序》，继续南下，在广州撰写了《广州宝庄严寺舍利塔碑》（简称《塔记》），此后溺死于南海，《塔记》竟成为才子绝笔，弥足珍贵。

这篇洋洋洒洒的《塔记》长3200字，创下中国古代塔铭字数最多的纪录，文采毫不逊色于《滕王阁序》。在中国古代数不清的楼阁中，南昌滕王阁能脱颖而出跻身四大名楼，靠的就是王勃的《滕王阁序》。滕王阁数度兴废，今时之阁是一座与古阁面目全非的混凝土结构仿古建筑，却成为南昌城吸引无数游客的打卡地。同为王勃所撰之塔记，更是他的绝笔。宝庄严寺舍利塔原基上屹立着六榕花塔，是名副其实的千年古塔，知名度却远逊于南昌滕王阁。

《滕王阁序》中见不到对滕王阁建筑自身的任何具体描述，塔记在这方面却有许多描述，颇具价值。

首先，《塔记》对宝庄严寺舍利塔身世有具体描述。

据《六榕寺志》所载，南梁梁武帝改元"大同"，时在公元

535年，扶南国（今柬埔寨）遣使来贺。大同三年（537），梁朝派内道场（皇家寺院）沙门昙裕为特使，前往答谢并求取佛舍利。昙裕完成使命，航海回到广州，自觉"疲疴屡积"，得梁武帝诏许留于广州宝庄严寺，并分舍利弘福。于是，在大殿前筑塔瘗藏从扶南奉回的佛舍利。

今人著述多有将宝庄严寺、塔说成同时始建于南梁，甚至将建塔说成是建寺之缘起。清末民初六榕寺住持铁禅和尚就持这种说法，他在撰于1932年的《重修六榕寺花塔缘起》文称：

> 广州郡城西北隅六榕寺，建于梁代，距今千四百余年，即梁武帝敕建之宝庄严寺也。……（昙裕）奉武帝命，往南海求得佛舍利塔，归献帝，备蒙宠异，师请于帝，愿住南海养疴，许之，诏分舍利，敕建寺塔，寺曰宝庄严寺，塔曰舍利塔。大同三年，师始驻锡。

就是说，宝庄严寺、塔同时创建于大同三年。

证之王勃塔记，此说并不准确。王勃塔记写道：

> 夫宝庄严寺舍利塔者，梁大同三年内道场沙场昙裕法师所立也。……（昙裕）以大同三岁，届于兹邑。法师……疲疴屡积，……远朝廷之事，愿居此刹，有诏许焉。仍分舍利，俾宏真福。……此寺乃曩在宋朝，早延题目。法师聿提神足，愿启规模，爰于殿前，更须弥之塔。

从《塔记》中知昙裕淹留广州根本原因是为了"远朝廷之事"，即不想卷入政治漩涡。他在归国之后即停留在广州，请求居于宝庄严寺。梁武帝允许他留下部分舍利在广州建塔，这与铁禅所说的昙裕将舍利归献帝后才往南海的经历并不一致。昙裕到广州时即"居此刹"，"此寺乃曩在宋朝，早延题目"，则宝庄严寺兴建在他到来之前的南朝刘宋时期。昙裕并非主持创建了寺、塔，只是"于殿前，更须弥之塔"，说明此前寺内殿前已建有塔，此次工程只是重建此处之塔而已。塔记开门见山说的是舍利塔为昙裕法师所立，而不是说昙裕创建了寺、塔。由此可知，广州宝庄严寺始建于南朝宋，寺内殿前有塔，梁时始改建为舍利塔。

其次，塔记对塔的建筑形制有具体描述。

宝庄严寺舍利塔是座楼阁式大木塔，其建成时间，比曾经使西来的达摩观之赞叹不已，在中国古建史上被誉为"天下第一塔"的北魏洛阳永宁寺塔稍后约20年。可惜宝庄严寺舍利塔毁于北宋初年一场大火，北宋绍圣四年（1097）在宝庄严寺塔原基上重建砖木结构的净慧寺塔，后称六榕寺塔、花塔。宝庄严寺舍利塔成为历史过迹，所幸塔的雄姿还能从《塔记》中一窥端倪。

> 故其粉画之妙，丹青之要，璇基岌其六峙，雕关纷其四照。仙楹架雨，若披云霁之宫；彩槛临风，似遏扶摇之路。瑶窗绣户，洞达交辉。方井圆泉，参差倒景。雕镌备勒，飞禽走兽之奇；藻绘争开，复地重天之变。

王勃赞道，这塔高呀，高到临风架雨，像云彩笼罩的仙宫，跨出栏杆就可一步登天。这塔美呀，石叠基座上耸立着平面四角高六层的塔身。塔壁内外装饰彩画，各层窗户、藻井处处精雕细绘，令人眼花缭乱。

从塔上俯瞰广州城内，又是另一番景象：

　　间阎雾扑，士女之流。讴歌有霸道之余，毗俗得华风
　　之雅。蜃楼高峙，犹埋夕帐；螺台峻积，尚识朝基。信夷
　　夏之奥区，而仙灵之窟宅也。

这番描写，显然不光来自一瞥观感，可见王勃对广州的里巷民俗
已有了解。

　　再次，《塔记》对王勃抵达广州不久前宝庄严寺舍利塔放光的
奇观有具体描述。记称：

　　是岁也。忽于此塔重睹神光。玉林照灼，金山具足。
　　倏来忽往，类奔电之舍云；吐焰流精，若繁星之转汉。倾
　　都共仰，溢郭周宽，士女几乎数里，光景动乎七重，实孟
　　冬之日也。

文中记述宝塔放光时间，具体到唐上元二年（675）十一月，是
王勃抵穗数日前之事。王勃笔下描述的宝塔放光，光度极强，
瞬息万变，令人眼花缭乱。因为此塔高耸，全城共睹，"士女几
乎数里"，应该不会是道听途说的虚构传说。尽管至今还未能破
解这一奇异现象的奥秘，但《塔记》已为后人留下可资研究的历
史记录。

　　宝庄严寺塔改建为砖砌花塔后仍迭有"放光"现象发生，文
献可考的记载有十多次，各次情状不一。南宋方信儒《净慧寺千
佛塔》诗中有"九井神光射斗牛"的描述，并非夸张之辞。有人
说是塔下埋有佛舍利之故。

　　明陈琏《重修净慧寺千佛塔碑》称，正统五年（1440）"塔现
神光，观者数万"。嘉靖年间，不时有现光之象。据黄衷《重修

净慧寺千佛宝塔颂（并序）》所记，嘉靖十五年（1536）夜起，"适见赤光满庭，烨烨如昼。比出四望，光自塔来，星彩顿掩，浮动顷之，渐白而散"。嘉靖十八年（1539）"复现，亦如之"。万历四十二年（1614），千佛塔放出五色祥光。天启元年（1621）放出白光，"蒸腾璀璨，烁入重霄"。

清康熙初年，"塔尝吐耀"。咸丰六年（1856）农历七月十三日夜，"初鼓，塔顶白气箭冲，焕然金瓷"。

民国年间，塔放光现象频繁，见于记载的就有6次。

1925年农历十月初二，前大理院长林翔将白喇嘛普仁所传之六字大明咒、白伞盖咒、黄度母咒，朱印黄纸，镶镜八面，分嵌塔顶层内膛八门之顶。十二日晚三时，嵌咒八门同放青金色光。四邻值岗警察惊为怪异，沿街敲门，呼人起看。

1926年农历六月十二、十三两晚七时，塔身顶层南门上方突然放出异光。有几个人先后看到。1927年农历六月初七七时，塔顶层西南塔门右上角忽发白光，形圆如大光灯，光芒四射。寺人惊呼，正在与友人用饭的铁禅即罢饭起看。历时一小时，圆形之光始渐敛灭。

放光现象尤其以最晚记载的1931年那次为奇。农历四月二十三日傍晚，残月未升，空际黝黑。铁禅与赵公璧、胡毅生等七人于友石堂前太湖石侧紫荆树下隙地露天而坐，仰视塔影，如隐如现。在座的梁季宽说："我等发愿修塔，塔屡放光，何不为我等一放？"何克夫说："我愿念咒促之。"当即念起光明咒，两三人亦跟着念起来，众人本以为此乃妄想戏论而已。不料一霎间，塔之西南面忽有黄光一道，宽广如塔之一面，自六层上闪至七层，折下复上三次。梁季宽正弯着腰念咒，听到大家惊呼，待到直起身子仰望时已不见光，引为大憾。赵公璧劝说他，塔光既能以咒力促放，改夕当再念光明咒促其再放，让大众饱看。于是相约在二十六日晚，诸人携亲友齐集园内补榕亭北面立虎石南空隙处。当晚来了数十人，亦如上次那样，月沉天黑，塔影隐约。到了戌刻（晚九、十点），赵公璧领着众人对塔行礼念咒，不能念咒的就念佛号。念上20分钟，塔身五层以上各层略发光影，色白如月映。众人大喜，发力念咒不断，又过了约5分钟，殊光骤放，五六七层塔门洞彻，红墙绿瓦，都变成一片乳白色，八九两层"其状尤奇"，如半空中悬缀两重琉璃宝盖，中燃最强烈之炭精灯般，通体透明，塔门尽隐，色如珠光，不能复辨墙瓦，只感受到强光激射，入眼清凉，这是与注视炭精灯不同之处。坐着的众人皆起立作礼，念咒的继续使劲念咒。这一发光的情况持续一小时之久，城内街邻住户空巷来观，由于时间持久，也有驱车来看的。寺园内人满了，还有从外街环塔仰望的。只见此塔八面光状无异，时复有黄光如电闪，由五层上闪至七层而灭，或由七层下闪至五层而灭，就是不上至八九两层。如是闪光不下10次。九点初，八九两层浓光渐敛，如五六七层的样子，塔门重新显现，仍不辨红墙绿瓦，过了一会，各层白光同时渐敛，绿瓦红墙亦可辨认了。又过了3分钟，白光尽敛，塔影隐约，月沉天黑，恢复如初。念佛咒者作结束语，相与欢喜赞叹。自此晚之后，至农历七月初二期间一连数晚白光罩塔，塔体通明，塔门尽隐，色如珠光，城中士女来观塔光者络绎不绝，街邻住户空巷来观。七月以后，有月之夜发出的光不很耀眼，而无月之夜塔的四周有时如明月当空般光亮，置身塔中不需借助灯光就可以书写小楷字，四邻的楼房都没有这一现象。对于花塔放光的现象，有人解释这是尖端放电的现象，也有人怀疑1931年这几次宝塔放光是住持铁禅为吸引信徒做了手脚，在塔上放置发光之物。不过，新中国成立以后，未见塔放光之异象，对这种"神迹"之发生是何原理也就无从稽考。

本文最后，还要说到王勃在净慧寺的另一个鲜为人知的故事。六榕寺碑廊中，有一方《鞶鉴图》。此图的发现和传世过程与王勃也有关系。唐代人着衣，有皮制的束衣带，鞶鉴是悬于皮带上的佩饰。这幅图据传是初唐南海（广州）一位才女的杰作，图为佩饰上的回文体铭文，共用192字，每句四字，环旋往复，辞藻华丽，也被称为"转轮八花钩枝鉴铭"。王勃应邀撰塔记时，有人以此图相赠。王勃不仅赞其精巧，且认为其"韵谐高雅，有陈规起讽之意，可作鉴前烈，辉映将来者"，于是授笔为之作序：

> 上元二年岁次乙亥十有一月庚午朔七日丙子，予将之
> 交趾，旅次南海。

王勃在这件文物上留下了很宝贵的旅穗准确日期的记录，也印证了他在《塔记》中所写的宝塔放光现象相差不过数日。一百多年后，唐元和十三年（818）春，中书舍人翰林学士令狐楚在宫中夜值，偶然在王勃集卷末翻出这《鞶鉴图》并序，爱不释手，翌日照样摹写一幅，并撰写一篇跋文以记其事，带回家中珍藏。宝历二年（826），令狐楚聘任河阳（今河南省西北部）节度使，又命随军潘玄敏用白绢复制多幅，分送阁僚。宋代至道元年（995），学者桑世昌奉旨编纂《回文类聚》一书，将其列于卷首。缘于王勃在广州宝庄严寺的发现和撰序，此图才得以广泛流传。

王勃的《广州宝庄严寺舍利塔记》不仅具有文学价值，还具有历史文献价值。以记证史，揭示了六榕寺塔前身——南朝宝庄严寺舍利塔的兴建背景，再现其建筑形制，甚至具体描述了此塔特异的放光现象，为后人留下了优美的文学作品和珍贵的历史文献。

密宗入粤为广州留下了哪些文物

在广州，今存唐代文物可谓是凤毛麟角般的稀世之宝。名闻遐迩的是南海神庙中所立的唐碑，即韩愈撰文的《南海神广利王庙碑》，至于广州城区唯一存世的唐代地面文物光孝寺内的陀罗尼石经幢，却鲜为人知，常往光孝寺瞻礼上香者也未必会留意到此物。此幢不仅有唐代建筑古风，更是佛教密教传入粤地的见证。

唐代是佛教鼎盛的朝代，是中国佛教教派纷纷创立的朝代，其中密宗是印度密教传入中国修习传授所形成的。饶宗颐曾称说唐代在岭南是"儒佛交辉"的时代，以往有关岭南佛教沿革的著述总对大放异彩的禅宗记述甚多，对也在此时传入广东的密教及其在粤地的传播却较少述及。殊不知，唐代的广东是密教入华传播的重地。

密教传入广东之途径，有间接的，也有直接的。

间接传入是朝廷由上而下的推广和崇信密教的官员入粤的带动。大历十一年（776），唐代宗曾诏令全国僧尼必须在一个月之内背诵精熟《佛顶尊胜陀尼经》，日诵21遍，每年至正月一日具陈民诵遍数进上。由此，《佛顶尊胜陀尼经》便传遍寺刹，密宗之风至盛也必然波及广东。

直接传入则是由印度密教高僧在广东的活动流传开来。体系性的纯密是在开元年间由被称为"开元三大士"的三位印度高僧传入中国的。这三位高僧是善无畏、金刚智和不空。他们来华后直接翻译、弘传以《大日经》《金刚顶经》为中心的纯密。一方面以其宣传正法护国思想适应了唐帝国中兴君王唐玄宗复兴王室的需要，另一方面以融汇中国传统的阴阳五行和道教的成仙、田赋术、房中术等，迎合了当时的儒、释、道三教正在融合的趋势，得以急剧发展。"三大士"把密教正式引入唐朝廷殿堂，产生重要影响并使密宗形成中国佛教的一个宗派。

唐代广州的外贸兴盛，进入唐玄宗的盛唐时期，海上丝绸之路已逐渐代替陆上丝绸之路，广州一跃而为东方第一大港，是全国海外交通的中心，东来传教的佛教僧侣显著增加。《唐大和上东征传》载，广州有"婆罗门寺三所，并梵僧居住"。"婆罗门"是当时对印度的称呼，这些寺可能是专门建立起来供东来传教的印度僧人居住的。这一时期，"开元三大士"中的金刚智和不空都来过广州，留下了传教足迹。

南印度僧金刚智少年时在那烂陀寺求学，授《金刚顶经》密法，又诣西印度学小乘诸论及《瑜伽三密陀罗尼门》，10余年全通《三藏》。他自海上泛舶，遍历南海20余国。据赞宁《宋高僧传·唐洛阳广福寺金刚智传》，开元七年（719）"达于广府"，然后赴长安，"敕迎就慈恩寺，寻徙荐福寺"。金刚智在广州的活动未见详述。但《宋高僧传》记载他"所住之刹，必建大曼拿罗灌顶道场，度于四众"，"自开元七年，始届番禺，渐来神甸，广敷密藏，建曼拿罗，依法制成，皆感灵瑞"。依此，在入华首站的番禺当有于名刹建法场立坛灌顶之佛事。《中国佛学人名辞典》载，金刚智"以开元七年至广州，建大曼拿罗灌顶道场，拔度四众。帝闻，迎入京师，敕住大慈恩寺"。又据《唐会要》，金刚智抵广州时，节度使（按：此官衔有误。岭南节度使首置于至德二年（757），此时岭南的最高长官应为岭南五府经略使）派出两三千人分乘数百条小船，先迎海上。先声夺人，可为金刚智在广州必有重大佛事活动之佐证。

不空是金刚智的弟子，在"三大士"中活动能力最强，影响范围最广，是密宗的主要创建者。有说他是师子国（今斯里兰卡）人，也有说是北天竺（即北印度）人，原名智藏，幼时随叔父来华。15岁时在阇婆国（今印度尼西亚爪哇）遇金刚智，从之出家，受学密教，敏通佛经，颇受金刚智赏识，"常令共译"佛经，往返长安、洛阳两京参与译经活动。开元二十九年（741）金刚智和不空同时被命归国，金刚智途经洛阳时去世，不空奉其遗旨，赍唐国书，率弟子含光等僧俗三十七人乘舶去师子国、天竺等国求梵法。

不空此行，是从番禺（广州）附舶出发，在此有一番佛事活动并有记载。初至广州，岭南五府经略采访使刘巨鳞恳请灌顶，乃于法性寺（今光孝寺）"相次度人百千万众"，对佛教密宗至高无上的本尊大日如来祈请旬日。将要登舟时，刘巨鳞召诫番禺地界蕃客大首领伊习宾等说："今三藏往南天竺师子国，宜约束船主，好好将三藏并弟子三十七人送到那里，不得有疏失。"从此记载说明三个问题：一是当时岭南信奉密教者众多，上自经略使，下至广大民众都是信众；二是不空曾在广州法性寺大摆道场，影响甚大；三是不空从广州下南海求法，乘的是番人商舶，这条航线是当时中外佛教文化交流的一条重要通道。

不空于天宝五年（746）返回中国，带回密教经典200卷，共译出重要经典111部143卷，成为中国佛教四大翻译家之一。

他在内道场中为玄宗、肃宗、代宗灌顶受法，成为三代国师。先后被加封鸿胪寺卿、开府仪同三司、肃国公，赐食邑三千户，辞而不受。从天竺回中国途径未载其详，但从天宝八年（749）唐玄宗诏许其回印度，"乘驿骑五匹，至南海郡，有敕再留"可见，不空来往于中国、印度当取道海路，天宝五年返华当经广州。以不空之地位，在岭南又掀起崇信密宗之热潮。

不空返华三年后的天宝八年，诏令"许其回国"，实际上是被下了驱逐令。其中原委，有关传记讳莫如深，当事出有因。《旧唐书》载这年五月，"南海太守刘巨鳞坐赃，决死之"。不空由广州出海取经是刘巨鳞为他大摆道场，或许是刘巨鳞贪赃枉法，自知有亏天理，对奉佛也表现出一种特别的狂热。不空的传教活动得到刘巨鳞在人力、物力上的大力支持。刘巨鳞坐贿决死与同时期的不空被遣返回国，似有关联。

不过，不空最终并没有离开中国，而是在岭南停留下来。他一入粤北，便托病滞留不前。唐圆照《贞元新定释教目录》载，不空"发自京都，路次染疾，不能前进，寄止韶州"，显然得到王公权贵的支持，终于获敕令暂住。一住居然长达四年，"日夜精勤，卷不释手，扶疾翻译，为国为家"。其后又东山再起，重返京中，至于事业之极盛。由此已可见其在岭南影响非同小可。

密教番僧从海路由广州入华，不止于金刚智、不空。《宋高僧传》载，北印度高僧智慧，曾在那烂陀寺学佛并发誓东传佛教，修舶泛海，遍历南海诸国。德宗建中元年（780）到达广州，逗留数年，直至贞元二年（786）始到京城，迎入西明寺译经。

综上所述，唐代广州是密宗自海上东传的一个重要口岸，一些重要的密宗高僧在广州留下了活动的踪迹。在禅宗为岭南佛教至尊教派时，密教在粤地仍能引起强烈反响，除了其在朝内受到青睐之外，还因为注重咒术、以法事祈雨禳灾、经文有神秘感而无显宗诸经穷尽佛理之深奥。凡此种种，于岭南人之观念易于接受。在密宗式微已久的20世纪20年代，岭南仍有东渡日本学法，又在广东复兴密教之风气。

唐代密教在粤的佛事活动，遗留至今的特色鲜明的文物是陀罗尼经幢。

梵文"陀罗尼"一词，最早是一个关于记忆方法的名称，原意为忆持不忘。古印度未有文字时，所有的宗教经典及世俗文献全部依靠祭司的记忆口耳相传，文字出现之后，仍然十分重视记忆方法与记忆能力。在原始佛教中，陀罗尼最初含义仅仅限于对佛陀教法的语言文句的正确听闻和牢固记忆。到了佛教分流派时期，准确记忆对于正确理解显得十分重要，后来的经典中往往解释说："陀罗尼者，于佛法总持不忘。"陀罗尼后来被逐渐神秘化，原有的记忆功能逐渐被淘汰，成了类似咒语一样的东西。密教传入中国以后，迎合中国的传统宗教与民间宗教背景，陀罗尼经咒风行一时，建陀罗尼经幢便成为密宗传教活动一种特色标志。

陀罗尼幢是刻着唐宋时期非常流行的佛教密宗经典《佛顶尊胜陀罗纪经》的经幢。在广东的广州光孝寺与潮州开元寺内，均存有唐代陀罗尼经幢。

广州光孝寺内的大悲心陀罗尼经幢，是广州地区仅存的唐代石刻，可作为密宗较早传入粤地的一个物证。该幢青石刻制，通高2.02米。幢身平面八角，高1.05米，上为八角盝顶莲花方座，基座四侧刻力士像。虽风化残缺，仍不失其健浑之唐风。幢身各面宽0.14米，刻"千手千眼观世音菩萨广大圆满无碍大悲心陀罗尼神妙章句"。章句内容为"大悲咒"两咒，每咒分刻四面，一咒为120字，另一咒为175字。因年代久远，字迹多已漫漶残缺。款识内容为：

> 宝历二年（826）岁次景午十二月一日法性寺住持大德
> 兼蒲涧寺大德僧钦造书。钦造闽川人。
>
> 同经略使副将仕郎、前守辰州都督府医博士庐江郡何
> 宥则，敬为亡兄节度随军文林郎守康州司马宥卿造此大悲
> 陀罗尼幢。

其中"景午"本为"丙午"，避世祖庙讳改称。

近时出版的载录广州地区碑刻图文甚详的高旭红、陈鸿钧编著《广府金石录》未收入此幢刻。道光《南海县志·金石略》载有此幢上刻字的全文。将《广州市文物普查汇编·越秀区卷》"石刻·碑刻·光孝寺石刻·大悲心陀罗尼经幢碑"所载幢文，对照道光《南海县志》，普查资料竟有数处错、漏字，如将"唐宝历二年"写成"唐宋历二年"，将"辰州都督府"写成"辰周都督府"。

南汉蘗洲称名该如何理解

　　五代十国时期，南汉国财力强盛，南汉王以在国都兴王府（今广东省广州市）府城大兴土木为乐，又尊奉佛教，除了兴建王宫，还建有大批御苑、寺院。《广东新语》称南汉兴王府城"三城之地，半为离宫苑囿"，环城建有二十八寺，应二十八宿。这些园林和寺院建筑，绝大部分今已无存。今存遗址最为出名的是位于广州市西湖路之蘗洲西湖。南汉国离现在已千余年，时间久远，加之存世文献极少，因而对南汉相关史迹的说法多靠口口相传，未必合乎史实。

　　蘗洲遗址，坐落于今广州市越秀区教育路。唐以前，这里还是广州城西的一片积水谷地，水源来自白云山流经市区的文溪和这一带的涌泉。南汉时，利用这里的天然谷地凿成一座大湖，作为王家宫苑，称"南宫"。宋以后称这里为西湖，又叫仙湖。南宫区范围很大，其水北接文溪，东接沙澳，长百余丈，周围五百余丈。

　　民国《广州城坊志》云："华宁里北有'古药洲'古额，疑南汉时南苑形胜广阔，不止如今仙湖、九曜、西湖、观莲诸街地也。"此话说对了。今人考证，西湖主体范围在今越华路华宁里、教育路一线西侧，东界在今黄泥巷、流水井附近一带，西界至今朝观街（原名潮灌街）一线，南抵今大南路，北界在今七块石街以北。湖区面积达10万平方米。南宫区中心小岛称药洲，因此，也有将这一景区称为"药洲"的。今人多说"药洲遗址"，说的就是南汉南宫遗址，而今西湖路清代叫西湖街，想必得名就来自古西湖。

南汉王成了宋朝阶下囚之后，药洲景区仍延续近千年。北宋时，此处是士大夫避暑吟咏胜地，建有亭榭、虹桥、曲槛，广南东路经略安抚使兼知广州蒋之奇在原有明月峡、玉液池的基础上增建了石屏台。南宋时，经略使陈岘整治西湖，种上白莲，称白莲池，池上建爱莲亭。方信儒称药洲"积石如林"，可见药洲石景到了南宋时仍相当可观。历经沧桑，仙湖终于渐淤为池，如今在南方剧院北侧只存下一泓永不干涸的绿水。到了20世纪50年代，药洲遗址面积只剩2000多平方米，其中湖面440平方米，此处以"九曜石"命名的9块太湖石，现仅存太湖石8座历代碑刻81种。1988年开始维修药洲，将埋在地下的景石提升，并向西拓展，恢复部分湖面。

"药洲"何以得名，有种种说法。

药洲之名，最早见于北宋广州知州程师孟在九曜石上偕友"同游药洲"题名，书画大家米芾继而在九曜石上留下"药洲"题刻，使"药洲"驰名于世，原有地名如仙湖、石洲、葛仙洲和西洲等等，渐被淡忘。南宋以后，始有方信孺、张雪书、仇巨川等人为药洲得名来历解说，多受引用，影响颇广。

《南海百咏·药洲》诗序称：这里是南汉王刘龑"聚方士习丹鼎之地"；"时有方士投丸药于其中，水色立变"，因得名药洲。清梁廷枏《南汉书·高祖本纪》，逐年记述刘龑事迹颇详，其中只有信奉佛教之事，却无信奉道教方士炼丹求药之事。直至末代南汉王刘鋹，也未涉及炼丹求药之事。此外，南宫西湖时周长五百丈，湖水绿冽，岂有投下而水色立变这般功效之丸药？丹鼎说近于无稽，难以置信。

明清时期，蘗洲为主管广东教育的广东提学、学政官署，是今教育路得名来由。清康熙张先明在其《学署考古记》中提出，宋人许彦先《蘗洲诗》有"花蘗氤氲海上洲"句，"花蘗"指红药，或称"芍药"，表明洲上栽种芍药，因得名蘗洲。对此说一考。宋代蘗洲是高官要员和士大夫游乐休憩的风景地，繁花盛放，游人兴旺。北宋广南东路经略安抚使、知广州的余靖《寄题田待制广州西园》诗中有"石有群星象，花多外国名"句，描述蘗洲水中立石如群星罗布，栽种多是海舶引进的外国名花。北宋离南汉时间较近，尚能在一定程度上反映南汉此苑实况。"花蘗"一词仅作红药、芍药解，未能体现余靖诗句原意，失之史实依据。《羊城古钞》认为，许彦先诗"此云花蘗，或栽花、或种药而云然欤？"是说此洲既栽花木又种草药。这些关于芍药、草药的猜测，当来自古代"蘗"字有芍药花、草药的用义，但未见遗存石刻和诗文对此的记载，难以服众。

为什么有关蘗洲遗址的石刻或古人诗文，只写"蘗洲"而不写"药洲"，今人则多用"药洲"以替代"蘗洲"？这还要从字义说起。

陈以沛在《御苑"蘗洲"不是"药洲"》一文中对"蘗洲"一词只能使用"蘗"字有精细辨析。古汉字中"蘗""药"两字并存，作为治病的药解时，是同音同义字通用；也有作为同音不同义的情况，"蘗"字有多义，如指芍蘗、有某种化学作用的物质或动词服药等。特别要提出来的，其含义还包括御苑。《康熙字典》引《字汇补》释"蘗""与'籞苑'之'籞'同"，"禁苑也"。《汉语大词典》释："'籞'亦作'箛'，古代帝王的禁苑，周围有墙垣、篱落，禁人往来。"《三辅黄图》："上林中，池上籞五所。"

《汉书·宣帝纪》："又诏池籞未御幸者，假与贫民。"这里的"池籞"，作湖池上的帝王御苑解，意思是汉宣帝曾下诏"未经汉皇帝亲临的湖池御苑，改作民间使用"。颜师古注："苏林曰：'折竹以绳绵连禁籞，使人不得往来，律名为籞。'……应劭曰：'池者，陂池也；籞者，禁苑也。'""籞囿"是古代帝王的禁苑。明谢肇淛《五杂俎·物部三》："此外有夫人李、佛手柑、菩提果，皆籞囿中佳植也。""籞阑"为禁苑，见曹寅《畅春苑张灯，赐宴归舍》诗之三："辇路余糜敷细草，籞阑分享及中尊。"清纳兰性德《蕉园》诗："宫籞人稀到，词臣例许窥。"新《辞海》也有"籞，古代帝王的禁苑"等说明。

可见"蘂"与"籞"（音御）又是异音而同义的字，作宫廷御苑解。正因"蘂"字与"籞"字同义，"蘂洲"正义为"籞洲"，即帝王禁苑，故历代只写作"蘂洲"而不用"药洲"。唯有用"蘂"字而不用"药"字，用以表明这"蘂洲"曾是南汉王朝的南宫御苑的所在地。若以"药"字代"蘂"字，只能误为医药的药，有违南汉帝王御苑的本义。"蘂洲"者，"籞洲"也，更非指炼丹药、种芍药或栽花种药之洲。

综上所述，广州城内的南汉蘂洲西湖遗址，对"蘂洲"得名自古至今有过不止一种诠释，常见的说法是炼丹之地、种花木草药之地。陈以沛从训诂字义入手，考证"蘂""籞"异音同义，南汉"蘂洲"当与帝王禁苑的"籞洲"一词同义。因此，蘂洲为御洲之意，此解既合古字之义，又最能体现南汉王称帝的史实。在推行简体字中，"蘂"字均简化为"药"，其义已不同于原用于"蘂洲"的"蘂"字。为此，在述及地名时，应使用"蘂洲"之称。当代出版有关羊城蘂洲遗址的书文，应恢复古人只写"蘂洲"不写"药洲"的真义，不宜以"药洲"取代"蘂洲"。

大佛寺前身究竟是何称名

　　当代流传着一种说法，今大佛寺是南汉二十八寺中"北七寺之一，名曰'新藏寺'"，包括今大佛寺长老皆以此说。《广州寺庵碑铭集》说："大佛寺……原址为南汉（917-971）新藏寺。"《广东宗教简史》也说："二十八寺中，今可考者有：新藏寺，即今大佛寺前身。"但是，同书在罗列南汉二十八寺名时，除了说到南七寺有两寺在南宋时已佚名之外，所列26座寺名中，却无新藏寺之名。大佛寺前身为新藏寺说也未见于府志、旧县志。《广州宗教志》虽说："此寺前身最初是新藏寺，南汉二十八寺之一。"但未出现北七寺说法，也未注明新藏寺说的出处。此外，就广州古城的城域方位而言，今大佛寺址显然在城南而不是城北，"北七寺之一"之说不通。此说事关大佛寺渊源，有必要作正本清源之考析。

　　康熙《广东通志》未述及大佛寺，当是该志成书于平三藩期间，对平南王尚可喜倡建大佛寺之事避而不记。最早记载大佛寺在龙藏寺遗址的，是雍正《广东通志》。该志"大佛寺"条称寺"在南门右旧龙藏寺遗址，后改为巡按公署。康熙三年平藩建，有碑记"。这一说法为光绪《广州府志》及《羊城古钞》《广州城坊志》《南海百咏续编》沿用。大佛寺中现存最早之碑是康熙三年（1664）

尚可喜立《鼎建大佛寺记》，开头称："大佛寺者，故龙藏寺遗址。"今大佛寺旁有龙藏街，《广州市地名志》称"因明代龙藏寺而得名"。认定大佛寺址为明龙藏寺旧址，为众多志籍所载，当无疑义。那么，为什么说在南汉时称新藏寺呢？

南汉王在兴王府环城四方各建七寺，共二十八寺。《南海百咏·东七寺》诗序说，南宋时南汉二十八寺"尚大半无恙"，并以各方寺名连缀为诗。这是今见关于南汉二十八寺具体名称的最早文献记载，具有权威性。为小心求证，先将《南海百咏》所载南汉二十八寺的四首诗摘录如下：

东七寺

慈度天王更觉华，苍龙东角梵王家。

普慈化乐成尘土，兴圣犹兼觉性夸。

西七寺

文殊千佛显真乘，水月光中见定林。

昭瑞当时连集福，咸池今日应奎参。

南七寺

井斜南宫焕宝光，千秋古胜并延祥。

祇今两寺无名字，地藏旁联四实方。

北七寺

国清尊胜北山隅，证果报恩同一区。

地藏荒芜并报国，尚余悟性斗牛墟。

从上述所列寺名中可考出，东七寺的慈度寺建于海珠石上，南七寺的千秋寺为今海幢寺址（梁廷枏《南汉丛录》说在药洲南），宝光寺为后世闻名的大通寺，北七寺的悟性寺为今三元宫址。

由于大佛寺前身有说为北七寺之一，这里对北七寺之一的悟性寺实际方位作一具体考证，以为北向的参照。道光《南海县志·古迹略》"万善寺"条称："万善寺在观音山上。"条末按："寺（指万善寺）即南汉之悟性寺，《南海百咏》引南海簿郑熊《番禺杂志》'越井在悟性寺前'。又引广州司马刘恂《岭表录异》'冈头有古台基址，连帅李玭于遗址上构亭。郑愚又加崇饰，今在悟性寺后'云云。寻越井冈无他寺，即此无疑矣。"由此确定悟性寺位于越秀山麓。称其为北七寺之一，确与古广州城的方位称谓相符，可证将大佛寺前身称为北七寺之一，从方位上说显然不当。

从建成时间上来说，环南汉兴王府四方的寺院，并非建于后主刘鋹一朝，而是先后建成的。宝光寺为南汉二十八寺南方七寺之首，光绪《广州府志·寺观》称大通寺在"刘晟时名宝光寺"。《广东宗教简史》称，南汉"后主刘鋹即位后，环兴王府兴建了二十八寺"，"后主刘鋹在国都兴王府（今广州）周围建二十八寺"，就并不准确。其实，《南海百咏》不专指兴王府二十八寺建成于南汉某一朝，而是笼统地说是"伪刘所建"，更符合史实。

陈欣《南汉国史》称："这二十八寺分别是：东方七寺，慈度寺、天王寺、觉华寺、普慈寺、化乐寺、兴圣寺、觉性寺；西方七寺，文殊寺、千佛寺、真乘寺、水月寺、定林寺、昭瑞寺、集福寺；南方七寺，宝光寺、千秋寺、古胜寺、延祥寺、地藏寺、另二寺失名；北方的国清寺、尊胜寺、证果寺、报恩寺、地藏寺、报国寺、悟性寺。"上述名单中，南、北方均有"地藏寺"。《广东宗教简史》怀疑"地藏寺出现在两处，恐有误"。然查阅府、县旧志，在广州确实同时存在不止一处的地藏寺，却未见有新藏寺说。现存元大德《南海志》为最早的广州志，残本中未保留寺院记载，只能从明成化《广州志·寺观》中搜寻蛛丝马迹。其中明确记载其原为南汉兴王府二十八寺后身的寺院不少。明成化时保存的或存名的，有东七寺之慈度寺、天王寺、兴圣寺、慈普寺（《南海百咏》《南汉国史》作普慈寺）、化乐寺（前代已毁）；西七寺之文殊寺、千佛寺、真乘寺、水月寺、定林（尼）寺、昭瑞寺、集福寺；北七寺之国清寺、尊胜寺、报恩寺、证果寺、地藏寺、悟性寺；南方七寺之宝光寺、千秋寺、延祥寺、古胜寺、地藏寺（原注：在郡西西南堡，刘汉时创，宋政和间乡众重建，岁久又颓毁，有田地五顷七十亩，按旧志尚有二寺久毁，名额已失。合上四寺及在□城千秋寺，为刘汉南七寺）。此外，还有刘汉时重建之护国仁王寺。由此看来，到了明中期，南汉二十八寺尚存24寺，亦可证实南汉二十八寺中，南、北方的确都有一座地藏寺。

如果说大佛寺前身在南汉时即存在于二十八寺中，或许为南方的二处失名寺之一，则也只能是南七寺之一，而不是北七寺之一。大德《南海志》卷十"旧志诸司公廨·转运司"：南方七寺之一的千秋寺，"在仙湖西、奉真观之右、濂溪书院□"。可证南汉南七寺方位在今西湖路一线，今大佛寺址当属兴王府城南。既然不存在南七寺中"地藏寺"名讹称新藏寺的可能，倘若大佛寺前身确为南汉二十八寺的新藏寺，则新藏寺只能是南宋时已佚名的南七寺之一。由于南七寺还有"祇今两寺无名字"，说明此两寺在南宋时已湮没，寺名失传，那么，可以推测大佛寺在南汉时的前身为南七寺之一，或许就叫新藏寺。换言之，该寺在南宋时也已不存在了，这才会留下这个历史之谜。

综上所述，无论是从方位上说，还是证之以今见相关最早的文献——《南海百咏》中南汉二十八寺的相关记载,南七寺彼时已有两寺名失传,北七寺序列中并无新藏寺之名。故而从方位和文献上说,所谓大佛寺是广州南汉二十八寺中"北七寺之一,名曰'新藏寺'"的说法是不成立的。如果说大佛寺在南汉的前身是新藏寺,则只有一种可能,即该寺是南七寺序列中两所失名寺院之一。

宋代西城为何等到程师孟才营建

宋代是广州城建史上的一个重要的时期，广州城由此前的一城扩展为子城、东城和西城，又称"宋代三城"。宋代广州城垣大小修缮工程10余次，最重要的有4次，集中在国力最为强盛的北宋中期有3次，尤以经略使兼知州程师孟主持的兴建西城工程最为重大。

西城是广州城商业最为繁华地域，面积比其他二城总和还要大，其建成是广州城市建设史上扩容的里程碑。广州西城中的蕃坊，是广州作为外贸大城的外商聚居地，为唐代官府所设立，早就是繁华的商业地。然而，在宋代三城修建中，西城却排为最后，时距北宋平南汉已有百年。

为什么要等到北宋才建西城？这是因为，西城之建需要两个先决条件：一是城市居住区发展，保卫民生财富的需要，即必要性和迫切性；二是具备筑城技术及相当水平的官员，就是可能性。

先说第一个条件。

广州子城之西的居民区，是在宋代之前就发展起来的。宋子城范围大致为南汉兴王府城。南汉以前，城外向西早已开发。南越王接待汉使陆贾的泥城，址在今西场，离赵佗城东界数里之遥。这段路并非人烟稀少，且不说其为南来入城必经之道，光在今光孝寺址上的南越王子赵建德府宅，亦颇具规模。南北朝时，这一带分别建有光孝寺、六榕寺前身的制止寺（王园寺）、宝庄严寺及雄伟的宝庄严寺塔，少不了烧香礼佛之人。唐代，广州城为开放的港城，数以万计的阿拉伯商人因贸易来到广州，聚居城西。为加强管理，官府划定范围，设立蕃坊。蕃坊北至今中山路，南达今惠福路和大德路，西抵今人民路，东临今解放路，至今此城区仍有不少街名反映这段历史。坊内建有伊斯兰教徒的礼拜堂。蕃坊面积与子城相等，蕃人居住区连接广州城墙，石砌围墙。城西是当时广州最繁华的商业区。唐中前期，都市严格执行封闭式里坊制与两市制，岭南首府广州竟允许蕃商列肆而市，城门洞开，提供贸易自由之便。

唐末，黄巢攻打广州。据9世纪阿拉伯商人苏莱曼的《中国印度见闻录》说，广州城中的伊斯兰教徒、犹太教徒、基督教徒、拜火教徒共有12万人被杀害。10世纪阿拉伯学者马素第的《黄金草原》也记录了这一事件，称"在面对刀剑的逃亡中，死于兵器或水难的穆斯林、基督徒、犹太人和祆教徒共达20万人"。许多著述认为这些数字显系夸大，但如果将蕃坊与广州子城面积相比较，考虑蕃坊民居之密集，居民人数不会少于官署密集的子城，则可以想见黄巢攻城造成"番人"死亡之众。

既然蕃坊如此重要，唐时为何不修西城呢？这就要说到广州唐城的建筑状况。

唐代广州城市建设并非无所作为。唐广州城有"州城三重"的说法，对此有不同理解。徐俊鸣从横贯角度主张"三城"是主城，即子城和东面古越及西门外蕃坊。古越城为秦任嚣城旧垒，残破不堪；蕃坊尚未修城墙，并称"三城"似不相称。曾昭璇从纵向角度认为是指南城、子城和官城三重，即自珠江岸上陆，穿过南城区，入清海军楼子城内，再入古越王宫的官衙区（今省财政厅处）。程存洁则认为："至唐代，岭南道的城市已普遍推广子城罗城制度"，"唐广州城是由岭南节度使居宅牙城和子城、罗城组成的"。从中国古代城市演变制度看，纵向说更可信。

由于珠江江岸南移，扩建南城区，广州城南面岸线约南移至今北京路与迎恩里相交处北侧，考古发现有唐代码头遗址。更重大的进展，就是宋璟任广州都督期间的政绩："广人以竹茅茨屋，多火。璟教之陶瓦筑堵，列邸肆。"此时已是唐中期开元初年，广州城才开始以瓦屋代替茅草房、街市排列商店的变革。这场移风易俗的举措持续甚久。贞元年间，广州刺史兼岭南节度观察使李复还致力于"劝导百姓，令变茅屋为瓦舍"。元和元年（806），岭南节度使杨于陵再次"教民陶瓦易蒲屋，以绝火患"。从宋璟至此已历近百年。可知入唐时广州城民居尚是茅草房，街市未有规则的商业状态，易茅为瓦、编列邸肆是治穗要务，而南越王宫的大型砖瓦，只是西汉初王宫的专用品。

南汉王朝着力发展外贸，乃至以各种方式敬奉海神，尊重蕃商。后主刘鋹迎佛教云门宗祖文偃真身入宫，"许群僚士庶、四海蕃商俱入内庭，各得赡礼"。城区以西，尤以蕃坊一带客商云集，居民密集。在更西地带辟为园苑，不少富豪亦在城西占地置宅，修建私家园林，却始终未能向西扩建城墙。繁华的城西，亦屡成战火中的重灾区。

广州城在唐宋时期是名闻四海的繁荣港口，城市格局显然不适应城市人口的迅速增加和对外贸易来往。入唐以后，建西城的必要性和迫切性突显，建城的第一个条件早已具备，之所以迟迟未能动工，原因在等待第二个条件成熟。这一条件直至北宋程师孟出任广州行政长官时才具备。

北宋时期，海上丝绸之路进一步发展，来广州贸易的国家有50多个，大大超过唐代。广州城商贾云集，"万国衣冠，络绎不绝"，蕃坊人口及繁华程度也盛于唐。宋初几十年，朝廷不敢随便兴役动工，加之筑城需要大笔经费，广州外贸收入大多归于朝廷，筹措资金不易，修筑广州城只能循序渐进。

最先修筑的当然是子城，这里是岭南的政治中心，官署所在地。庆历四年（1044）广南东路经略使兼广州知州魏瓘在饱受炮火残损的兴王府城墙基础上修筑子城，城周5里。

皇祐四年（1052），广源州（今越南高平省广渊县）少数民族首领侬智高起兵，攻进两广，不少城池被摧毁。光绪《广州府志》记载，"独（广州）子城坚完，民逃于中获生者甚众。"这一结果，有赖于不久前魏瓘修筑子城。然而，侬智高围攻广州城长达57天，对城外百姓生命财产是一场浩劫。子城以西，商民争相以金贝贿赂守城门者入城，形成汹涌人流，"践死者甚众"。未能入城者四散奔逃，遂使城西"百年生聚、异域珍玩，扫地无遗矣"。"蕃汉数万家悉委于贼，席卷而去"。事后，魏瓘加官晋爵，再次被委任广州知州，加修城池。然而，遭受侬智高重创之后，广州的人力、财力无法支撑大规模城市建设，只能在子城东、西、南三面加筑瓮城和城门，加固城防。

子城修筑24年后，熙宁元年（1068）修筑东城。主其事者，史载不一。据《南海百咏·任嚣城》记载，东城是秦任嚣城旧城，荒废已久，但仍有一定基础，城周4里，施工近8个月。

城西在侬智高攻广州时破坏最为严重，建城极为必要，却迟迟建不起来。原因之一是这里蕃汉杂居数万家，民居密集又无规划，要建城则"毁民居者众"。这一情况却由于侬智高攻城，"规宇悉焉煨尽"，反而得到解决。二是这里从浅海逐渐成陆，河网交叉，地势低平，地基疏恶，"土杂螺蚌"，取土不易，烧制的修城砖很难筑起坚固耐久的城墙。程师孟前任吕居简也想修西城，因无法解决这个难题作罢。

建筑西城的历史使命，落到熙宁四年（1071）任经略使兼广州知州的程师孟身上，此时离北宋平南汉的开宝三年（970）已有百年。不仅仅因为当时的广州已具备足够财力和建材条件，也决定于程师孟的个人条件。

程师孟，字公辟，北宋吴县（今江苏省苏州市）人，进士出身，以才识干练闻名远近。一方面，他阅历丰富，做过钱塘县（今浙江省杭州市）令，桂州（今广西壮族自治区桂林市）通判，南康军（今江西省庐山市）知军，楚州（今江苏省淮安市）、洪州（今江西省南昌市）、福州知州他也是个敢于担当的官员，在夔州路（今重庆市奉节县）提点刑狱时，遇大饥荒，下令开库赈灾，下属劝阻他未经皇上批准开库要杀头，他说："等到皇上批下来，百姓都死光了，一切责任都由我来担当！"因此救活无数人。

另一方面，他有丰富的建筑工程经验。任河东路（今山西省太原市）提点刑狱时，因这一带山高沟深，春夏大雨，积水黄浊，易酿成天灾人祸，他便带头捐款，开渠筑堰，主持造良田一万八千多顷，还撰成《水利图经》分送地方参考。调任洪州（今江西省南昌市）知州，程师孟沿赣江各地巡视，组织人力整治章沟，用大石修堤防洪，设水闸调节水位，获治水、通航双利，此后洪州水患遂免。他出任福州知州时，诸多德政。奏准凡沿海泥淤之处，允许人民筑堤为田，结束了历久未决的争地讼案。对福州城内乌石山已湮失的史上三十三景详加考证，核定各景名称刻在岩石上，又增建三景，统称"乌石山三十六奇"。此外，他兴建学舍，聘贤才，兴教育，在旧威武军门（今鼓楼前）设置铜壶滴漏，提倡植榕，绿化福州，还采取罢用铁钱、赈救灾荒等有益于民生的措施。程师孟在此任上仅一年九个月，《宋史》评价其在福州"治行最东南"。

更为难得的是，程师孟主持修筑了福州子城。此城在宋初被拆毁，历任州官为防御盗贼准备修建，均因费用大而作罢。程师孟对转运使说："我只要20万缗钱，就能修建子城。"他精于土木工程，主持修复原有城墙，并扩建东南隅，仅用去19万缗钱，又以余力浚河湟，历时仅半年。

熙宁三年（1070），程师孟调任广州知州，翌年兼任经略使。到任后，即着手筹建西城。其实，大食国使曾提出要进银钱助修广州城，但宋朝不准。然现朝廷对筑广州西城予以大力支持，不仅批准广州呈献的工程图，神宗帝还令左藏库副使张节爱带着岭南欠缺的技术和建筑材料来到广州，指挥工程。

广州春季潮湿、阴雨连绵，夏季台风频繁袭击，在由淤泥堆积加高而形成的平原上修筑高城，技术难度极高。好在程师孟有务实的城建工作经验，采取特殊有效措施，如在时间上选择避开"弥旬涉月而不休"的多雨季节，主要工程完工期间，"无一朝之雨而落"。

尽管如此，西城修筑工程还是相当艰巨，前后花了10个月时间。周长13里的西城，范围大致是东与中城（即子城）隔一西湖，西抵今人民路，北起今百灵路，南至今玉带濠，蕃坊、光孝寺、净慧寺等尽括其中。

熙宁五年（1072）正月，有"新城见于水中，逾数刻不没，海旁之民走观者，无不骇异"。这大概是海市蜃楼的景观，但观者皆认为是南海神显灵所致。只因当时广州的中外居民听闻传言程师孟要易职，纷纷至南海神庙祈祷让他留任。后来程师孟升为谏议大夫，仍任广州知州，官民以为得力于南海神庇佑。熙宁六年（1073）十二月至翌年正月，广州大旱，程师孟率地方官员赴南海神庙祭祀，祈谢神降甘霖。他认为自己在广州为守，"谷登民阜，寇盗衰息，而瘴疠不作，蒙神之助居多"，先后六谒南海神，这在南海神庙史上也算一项最高纪录。熙宁七年（1074）正月，他在南海神庙立碑陈述祭拜南海神灵过程。修建西城的同时，程师孟在城西建了南海神庙西庙，方便更多的人参加礼神祀典、神诞活动，并将南海神祀推向两庙并存的高峰。他对南海神的崇拜，出于发展海外贸易的需要，大力提倡对外贸易，增加税收，使广州居民安居乐业。

除此之外，程师孟还整修了旧城。新城、旧城连成一片，使扩建后的广州城面积等于原来的三倍，尤以西城繁华。宋代广州三城共十五个城门，西城占了九个，其中南朝珠江有阜财门、善利门、朝宋门、航海门、素波门五门，从城门命名也可见西城与海外贸易关系密切，商业繁盛。

共乐楼是西城地标性公共建筑物，"旧名粤楼，在大市阛阓中，高五丈余，下瞰南濠"。程师孟登楼诗《题共乐亭》称：

千门日照珍珠市，万瓦烟生碧玉城。
山海是为中国藏，梯航尤见外夷情。

该诗所描绘的从楼上俯瞰西城，一派贸易发达、繁忙的景象，以及新城瓦屋连片的景致，是对当时城市景观的真实写照。

几年后，交趾攻陷广西邕管（今南宁市），欲东向进犯，后得悉广州城已重建，完备坚固，不敢贸然前来，广州百姓因此免了一场战祸。程师孟当时已奉召回京，朝廷因他有前功予以嘉奖，提升为给事中、集贤殿修撰、判都水监。

综上所述，直到北宋平南汉百年之际，才由程师孟主持修建了广州城占地面积最大、商业最为繁华地区的西城，其客观原因是此前侬智高攻城使这一带房屋尽毁，为营建提供了必要条件；主要原因则归结于程师孟精于土木工程，有丰富的营建经验，使得城建工程得以顺利进行。自程师孟筑西城近千年来，广州城西部一直是贸易繁华地，清代则在西濠口附近形成了十三行夷馆区。直至近现代，西濠仍是广州市的商业中心区之一。西城之建，为此种格局奠定坚实基础，是广州城市发展史上的一个里程碑。西关的发展，也正是依托于西城的有力支持。

杨万里谒的是西庙还是两庙

广州民间诞会中的"波罗诞"是南海神诞会，历史悠久。因南宋淳熙八年（1181），提举广东常平茶盐诗人杨万里的《二月十三日谒西庙早起》，是今见最早关于南海神诞的诗；又由于宋代官方祭南海神定制立夏之日，而民间南海神诞期在农历二月十三日，故南海神诞具体起源于何时，无从文献查得。因此，此诗也常被作为南海神诞出现时间的重要历史文献。不过，此诗在许多志籍中题为《二月十三日谒两庙早起》。据考，宋代广州南海神庙建有东、西二处，那么杨万里在此日究竟是谒西庙还是谒两庙呢？

先说南海神诞由来。

隋代，祭祀南海神成为朝廷法定礼仪，南海神庙为国家祭海坛庙，历代王朝都会派遣重臣来广州谒祭南海神，这也推动了南海神民间信仰的发展。南海神原发于民间自然崇拜，但在南海神庙举行的官方祀典，民众只是旁观者。《续资治通鉴长编》载，北宋咸平六年（1003）四月，朝廷规定："民祠岳者，自今无得造舆辇、黄缨伞、茜鞍帕及纠社众执兵，违者论如律。"民间不得假以皇家祭祀之仪，便以自己的方式表示对南海神的崇敬和祈求，由此衍生出南海神庙的俗称"波罗庙"及南海神诞会的俗称

"波罗诞"。诞会与祀典并存,反映了民间与国家在神灵崇拜上的互动。广州是古代海上对外贸易的外港港口,无论官员还是民众,商人还是航海者,都把南海神看作护佑沿海民众及海上贸易不可缺少的神灵,除了每年到庙中拜祭南海神,还热衷参与波罗诞活动。波罗诞历经千百年历史演变和民间创造,沿袭至今。2007年,列入广州市第一批市级非物质文化遗产名录,同年列入广东省第二批省级非物质文化遗产名录。2011年,列入第三批国家级非物质文化遗产名录扩展项目名录。

清代广东番禺县人崔弼辑录的《波罗外纪》,包括神灵、庙境、法物、遗荫、年表、碑牒、文赋、诗歌等共八卷,是记载南海神庙自隋至清中期的资料集,保存有大量历史信息和一手资料,对一些问题还做了细致考证,是考证海上交通尤其是南海神庙历史的重要文献。此书即载有杨万里《二月十三日谒两庙早起》诗:

起来洗面更焚香,粥罢东窗未肯光。

古语旧传春夜短,漏声新觉五更长。

近来事事都无味,老去波波有底忙。

还忆山居桃李晚,酴醿为枕睡为乡。

崔弼辑入的杨万里诗题,当有其所据,即在《波罗外纪》之前,已有此种版本。《南海神庙志》"波罗诞"章撰稿人曾应枫曾提出见他处有此诗,题为《二月十三日谒西庙早起》。由此遂辗转查证,终于得见宋刻本《杨万里集》,确认题为《二月十三日谒西庙早起》,对长期讹传的"两庙"一词,做了重要勘正。诗题之"谒西庙"说,不仅证明了南宋时南海西庙之存在,官员在南海神诞之日有谒西庙行为,而且标出的日期反映了此时在西庙同样有南海神诞的民俗活动。

再说西庙设立时间及方位。

南海神庙西庙（下称西庙，今存南海神庙称东庙）今已不存。赵立人在《古代广州的外港、内港与南海东庙、西庙》《南海神庙史实辨正——与王元林先生商榷》《续论南海神庙与扶胥港——再答王元林先生》等系列文章中，有相当充分的论述，指出西庙故址在今广州市荔湾区文昌路广州酒家一带。

证以乾隆《南海县志》所载：

> 洪圣西庙，即南海神（按：原文如此），在太平门外第十甫，嘉靖十三年（1534）建。国朝康熙六年（1667），察院董笃行奉谕祭。康熙二十一年（1682），礼部侍郎杨正中奉谕祭，有碑记。

由朝廷派专人南下致祭，可知西庙仍是当时西关地区的重要祠庙。

不过，县志说西庙"建于嘉靖十三年"却不对。光绪《广州府志》"金石略"转引《南海志》云："南海西庙，建于宋绍兴，其铜鼓不知得于何时。方信孺《南海百咏》云铜鼓东、西庙皆有之，则在嘉定以前矣。"按称："铜鼓在番禺波罗南海神庙者二，在南海西域外第十甫南海西庙者一，在香山南门外诸葛武侯庙者一，小榄麦氏家藏者一。"可见直到光绪初年，西庙及其所藏铜鼓仍无恙。

成书于南宋开禧二年（1206）以前的《南海百咏》，其《南海庙》诗序云："又有西庙在城西五里。"《铜鼓》篇序云："南海东、西庙皆有之。"《波罗蜜果》诗序云："南海东、西庙各有一株。"又见杨万里《题南海东庙》诗云之"大海更在小海东，西庙不如东庙雄",以及《二月十三日谒西庙早起》诗,可知南宋时西庙确已存在。

但是,府志说西庙"建于宋绍兴"仍是错的。同治《番禺县志·金石略二》载南宋乾道三年(1167)廖颙《重修南海庙记》说:

> 又一在州城之西南隅,故有东西二庙之称。天宝、元和间增(原注"下不可辨")艺祖临御,首遣中使,重加崇葺。嘉祐中,余靖尝修之。元祐中,蒋之奇(原注"下不可辨")于政和季陵葺西庙于绍兴,咸记于石。

黄佐《广州志·艺文》收有蒋之奇《修东西二庙记》书目,可证实廖颙所记。西庙之建,当在北宋元祐之前。从廖颙行文语气分析,甚至可能早至唐代,因无确证,故只是一种猜测。

东、西二庙长期共存的局面,到宋元嬗代之际一度发生变化,因东庙受炮火毁损严重,改成只在西庙举行祀典。陈大震《重建波罗庙记》称:

> (至元)二十八年(1291),世祖皇帝加以灵孚之号,天使奉宣命,驰驿万里至广城,……将致宠光于正祠,闻祠已废,乃于城西别祠行礼焉。

直至大德七年(1303)东庙修复,元初恢复朝廷祭典的前11年,仪式都只能在西庙举行。清初康熙年间两次朝廷致祭也在西庙,究竟也是因东庙毁于战火还是海禁等其他原因,则有待考证。

北宋嘉祐七年(1062),广州知州余靖扩建南海神庙,达到史上最大规模。新宫落成,信众大增。广州知州程师孟《洪圣王事迹记》，对熙宁四年（1071）十月至五年八月同时修建广州西城和南海西庙有载：

> 昔智高之入于州也，日惟杀人以作威。其战斗椎瘗之处，则今所谓航海门之西数十步而止。逮予为城，屋其颠，以立神像而祠之，适在其地，无少差焉。

新建神庙在广州南海东庙之西，故名西庙。广州宋城由中城（子城）、东城、西城组成。西城西面城墙位置即今人民路。航海门在今书坊街，其西面城门为朝宗门，在今解放南路。据程师孟所述，其所建神祠在航海门与朝宗门之间而更靠近航海门，当在今起义路东侧。

作为海神庙，必建于海边码头附近，出海商船的商贾和船员在出航前要在神庙祈求保佑，安全归来则要到神庙酬神谢恩。南海神庙所在之地，亦必为商业繁盛之区，商船辐辏之港。东庙所在为扶胥镇。西庙所在，据赵立人所考，则为白田镇。北宋《元丰九域志·广南路》载，白田镇与扶胥镇同属番禺七镇之列。《新五代史》记："（刘）铱以海舶十余，悉载珍宝、嫔御，将入海，宦官乐范窃其舟以逃归。（宋）师次白田，铱素衣白马以降。"道光《广东通志》也称："智高引众去广州，广东兵马钤辖张忠、知英州苏缄邀击于白田。"北宋蔡君谟《中书、门下牒　广州南海洪圣广利王牒》则谓："乃者侬獠狂悖，暴集三水。中流飓起，舟留三日。逮至城闉，广已守备。"可见侬智高以舟师进攻广州，其退亦当乘船。由此两事，可知白田镇为广州城西的港口，水陆交通枢纽。

关于白田镇之位置，曾昭璇《广州历史地理》"白田镇"称：

"白田在今西关珠江江岸丛桂里附近。"清初顾祖禹《读史方舆纪要》引明人《南游记》称："今府西十七里有花田……一名白田。"明嘉靖《广东通志·古迹》记："花田在城西三角市平田。"清末民初地图仍可见到"三角市"，在今珠玑路中段，开马路时拆建。上述花田、白田、三角市之位置，虽不能完全吻合，但无疑都在西关。

南海西庙所在港口当为白田镇，亦即今日西关商业区之雏形。昔日西关所临珠江江面宽阔，称"小海"，南海西庙东北邻，即今传称达摩在中国登陆的"西来初地"，这里是广州早期海运码头。西庙东南，有缸瓦栏（今用谐音称光雅里），这里古代是颇大的陶瓷批发市场。陶瓷是唐宋时期中国的大宗出口商品。再往南，是古代十四甫码头。码头东侧，则为明代接待海外使节、商人的怀远驿，原地名"蚬子步"，显然也是码头。这些市场、码头的形成，或许较西庙之建为晚，但商业聚落的发展，大都有所因袭，可以肯定，早在北宋以前，以南海西庙所在地为中心，已形成一个为对外贸易服务的商业区，即白田镇。其大量出口的陶瓷，很大一部分产于邻近的西村窑。西村窑是晚唐至北宋年间专门烧制外销陶瓷的民间窑场，产品在中国内地传世者极少，而在马来西亚、菲律宾、印度尼西亚和我国西沙群岛等地则已有大量发现。广州不产优质瓷土，西村窑原料需从他处运来。在此建窑，显然是出于较近外销市场的考虑，因为当时由增步至南海西庙、缸瓦栏一带，水路运输非常近便。可知广州西村窑是在白田镇陶瓷市场已形成并蓬勃发展、需求旺盛的情况下创建的，而西村窑的出现，又降低了外销陶瓷成本，促进了陶瓷市场兴旺和白田镇繁荣，奠定了明清西关成为广州外贸中心的基础。

随着西关经济的发展，扶胥镇的衰落，西庙一度有后来居上之势，可从元初、清初朝廷在西庙行祭典略见端倪。明清时期西关"八桥之盛"在西庙南邻，今光雅里和曹基直街之间的德兴桥即为第八桥。每年旧历二月十三日南海庙会时最盛，有"赛过波罗第八桥"诗句。由于珠江岸线加速南移，西庙至清末离水域过远，遂失其意义而日渐荒废，1921年被拆毁，结束了西庙的历史。

最后，回到杨万里谒西庙。

杨万里，南宋吉州吉水县（今江西省吉水县）人，字廷秀。生于建炎元年（1127）。淳熙六年（1179），任提举广东常平茶盐。福建盗贼沈师骚扰南粤，杨万里率兵镇压，道出翁源县，到了惠州、梅州，风餐露宿，出敌不意，一战而擒贼首，孝宗赞扬其有"仁者之勇"，授广东提点刑狱。他在潮州、惠州外围构筑工事，既镇住盗贼巢穴，又守扼住去路，境内太平。

杨万里在粤五年，足迹遍南粤，足迹所至，常以诗歌记之，得诗数百首，结为《南海集》。赋咏广东诗作多至能自结一集的，在历代寓粤诗人中屈指可数。

杨万里在广州，三月游越王台，不止一次到广州白云山蒲涧寺作尽日之游，还专程到南海神庙谒神。当时在广州城外临江建有南海神庙西庙，杨万里在入粤第二年早起焚香，进谒西庙，写下《二月十三日谒西庙早起》。两年后，他又专程前往广州城东近百里外的南海神庙东庙谒神，写下《题南海东庙》长诗，有"南来若不到东庙，西京未睹建章宫"句。西汉建章宫规模宏大，有"千门万户"之称，由诗句比喻可见宋代南海神庙之宏大。诗中的"大海更在小海东，西庙不如东庙雄"句，更成为后世考证宋代广州城市历史地理的依据。从语气中，也可见其先到过西庙，后到东庙，才有这种初抵东庙将两庙比较之话。

　　宋代官方祭南海神定于立夏之日，农历二月十三日为民间的南海神诞期。今南海神庙一带乡民，一般在每年农历二月十一日至十三日举行波罗诞，其中十三日为"正诞"。此诞会活动有种习俗，称为"三更烧猪，五更拜神"。苏轼诗句"瑞光明灭到黄湾"，所指为五更时分，正是拜祭南海神最好时分。杨万里《二月十三日谒西庙早起》诗，即点明谒庙时间在特殊日期，他在参加谒庙诞会活动期间，又写出拜谒南海神庙五更早起的情景，说明宋代民间祭祀南海神此俗已经十分盛行，连为官的杨万里也了解并顺从民情。再说，东、西庙相隔百里之遥，杨万里再有分身之术，也不可能在一次五更起身之后"谒两庙"，可见此诗题为"谒西庙"较"谒两庙"更合常理。

镇海楼为何初称为望海楼

广州市越秀山镇海楼建成于明洪武十三年（1380），俗称五层楼，多次入列古今羊城八景。许多出版物都是径称此楼为镇海楼。如，《辞源》"镇海楼"条目称：

> 近海之地建楼者往往以镇海楼为名，著名者如：
>
> 1.……
>
> 2.在广东广州市北。明洪武十三年永嘉侯朱亮祖建，五层，高八丈。参阅清屈大均《广东新语·十七·宫语》。

《广东新语·宫语·六楼》称：

> 广州有崇楼四，……北曰"镇海"，在粤秀山之左，洪武初，永嘉侯朱亮祖所建。以压紫云黄气之异者也。广州背山面海，形势雄大，有偏霸之象，是楼巍然五重，下视朝台，高临雁翅，实可以壮三城之观瞻，而莫五岭之堂奥者也。

以上条目所释建楼取名缘由：《辞源》称因楼建于近海之地；《广

东新语》则有点复杂,既提其"以压紫云黄气"而建,旨在压其偏霸之象的王气,又说可以壮三城"观瞻",奠五岭"堂奥",是为提升广州气象,维护其在岭南中心地位。语似抵牾,实有深意。此外,《广州历史陈列图册》也称:"1380年朱亮祖向北扩展广州城时,在越秀山顶修建了一座五层楼以壮观瞻,取名'镇海',以示'威镇岭海'之意。"

其实,此楼建成时并非称镇海楼,而是望海楼,民间多称其为五层楼,为述说方便,下文以五层楼称此楼。对楼名的深度解读要从其选址和形制说起。

先从楼之选址说起。古代城池多环城设护城河,唯广州城为"三面带水一面靠山"的格局。五层楼历明清而未被攻城者所破,说明选址决策正确。

越秀山为白云山余脉,由若干座山岗组成。其中,主峰蟠龙岗海拔71.6米;中山纪念碑处的越井岗海拔69.2米;镇海楼所在的小蟠龙岗海拔54.8米,为越秀山第三高岗。推测选择在小蟠龙岗建楼原因有三:

一是观音山上本有较为重要的建筑物。观音山只略低于蟠龙岗,于三峰之中最近城内,南越国时就是越王台所在地,明初修城墙时已圈于城内。

二是明城墙跨越的越秀山山岗,以小蟠龙岗最高。五层楼楼址有利于对外防守和对内俯瞰城中乃至城南,城墙面北的陡峭山坡,成为最好的辅助性防御工事。

三是五层楼形势险要,踞广州城通往北面小北门和大北门之间制高点,俯控两门。在对外防御方面,城墙外东、西两侧各有象冈、木壳冈(五羊雕塑所在地)和蟠龙岗、现电视塔所在高岗,足成犄角拱卫之势。清代在蟠龙岗、象岗上分别建有四方炮台、拱极炮台，明代当有拱卫五层楼的防御设施。五层楼不是一般城楼，而是军事指挥所，这些高地的拱卫作用很重要。城墙内侧，观音山和今水塔所在山岗地势高，可监视城防而随时调遣兵力，又能俯瞰洞察城内动静，内外配合，构成防卫系统。五层楼朝南一面，是鸟瞰全城及城南视野角度最佳处，从城中北望即可体会到。五层楼成为民国城区中轴线北端制高点，可证选址之远见。

传说五层楼选址，是因朱亮祖得梦，为朱元璋镇压岭南王气之故，即《广东新语》所说建楼"以压紫云黄气之异者也"。限于当时认识，此议不出奇，今人附会则不当。《镇海楼史文图志》称："说来也怪，相传自从洪武间建造此楼后，镇守粤中的封疆大吏中，果然再也没有心怀异志者出现了。"从史实的角度来说，此论不合。五层楼屹立多年，虽然宋、元时期未见岭南有心怀异志者，但是清代岭南却出了心怀异志的"天王"，把大清江山搅得天翻地覆。压王气之说显然不成立。

从军事地形上说，广州城北山地必使南征之军受到阻碍。《广东新语》说："城北五里马鞍冈，秦时常有紫云黄气之异，占者以为天子气。始皇遣人衣绣衣，凿破是冈。……故粤谣云：'一片紫云南海起，秦皇频凿马鞍山。'"观察城北地形，只有在越秀山丘陵西侧凿开缺口方能入城，此缺口位于大北门，扼其东有四方炮台，西有拱极炮台。解放军解放广州，也是由此进城，是为解放路称名由来。可知，扼制高点的五层楼，并非只为观景而建。

再说五层楼形制。

古代名楼如黄鹤楼、岳阳楼、滕王阁、大观楼、秋风楼、蓬莱阁皆建于海滨江湖畔，拔地而起，五层楼却是耸立山上。广州城地势北高南低，从市区北望，此楼颇有屹立城垣、耸入云霄之感。从清代外销画中，可以一窥高踞广州城北山上的五层楼的雄姿。《广东新语》称：

> （广州城内明代）四楼惟镇海最高，自海上望之，恍如蛟蜃之气，白云舍吐，若有若无。晴则为玉山之冠，雨则为昆仑之舵，横波涛而不流，出青冥以独立。其玮丽雄特，虽黄鹤、岳阳莫能过之。

此说并不过誉。黄鹤楼初建只是两层，宋以后改成三层；岳阳楼始终是三层楼；广州五层楼在楼层上领先。广州城区处海拔 5～10 米平原湿地和海拔 20 米台地上，五层楼自高 28 米，加上山岗海拔 82.8 米，相对高度六七十米，相当于现代二十多层高楼。俗谓大前门的北京正阳门箭楼通高 35.94 米，山西万荣秋风楼通高 30 余米，岳阳楼高 19.72 米。今建混凝土结构黄鹤楼高 51 米，较古楼增高一倍，但相对高度也未超过五层楼。

不同于传统的观景楼，五层楼从楼址乃至形制，都表明其为军事用途的半城堡式楼阁。史上五层楼多次大修，今东西山墙和后墙，其下两层用红砂岩砌筑，为明代旧物。全楼外貌变化不大，其形制与众不同之处在于：

其一，此楼并非四面通透，而是三面砌墙。古代楼阁多是回廊周匝并开窗户，以备登高眺望；城楼多是四面或前后两面回廊处理，很少如五层楼这样两面砌山墙并砌后墙承重，此三面只开窗洞，唯独朝南一面作阁状前出廊。这种形制，体现其作为广州城墙的组成部分，将对外防御功能放在第一位，对城内则起着一目了然的俯瞰观察作用，其作为全城军事指挥中枢处所不言而喻。采用三面砌墙下石上砖的结构，大大加强其稳固性。五层楼在史上多为军事禁地，让平民登高赏景只是和平时期增加的功能，并非建楼初衷，这是造成五层楼与其他名楼形制不同的根本原因。

其二，其形如楼如塔。这一点被人们谈得最多。五层楼三面为墙，逐层收分甚大，造成特殊外观。从侧面看，楼之正面、背面逐层收缩。后墙底层厚3.4米，顶层厚1.3米，相差2.1米，山墙至顶层共收缩4.2米。山墙各层开圆拱窗洞，整体外形酷肖塔状。楼正面也是逐层收缩。山墙底层石墙厚度3.9米，到了顶层厚度只有1.63米，相差2.27米。后墙、山墙的内侧均为垂直一线，外侧才是逐层收缩。塔式结构使此楼稳固性较通常的古代楼阁大得多，层数之多也为古代城楼仅见。楼下层墙体极厚，承重能力既强，又利于防御。下二层的红砂岩石基础依旧被重修利用，使五层楼不像黄鹤楼、滕王阁那样在修复中不断改变形制，显示原创设计之高超。

其三，明初广州城作三城合一整体改造，建于五层楼是唯一不建在城门洞上的城楼，显示其作用是指挥所而不是关卡。楼背各层均辟两个拱形窗洞，与城中正南面的拱北楼相呼应。拱北楼在宋代建成，楼下开两个门洞，俗称双门底。明洪武七年（1374）重建，重建时间较五层楼建成仅早六年。五层楼北壁各层开设两个拱形窗洞，有象征双门之义。这在中国名楼中独一无二。

讲过楼型与楼址，再来讨论楼名就好说些了。因为楼型、楼址与建楼缘起有直接关系。

《大明一统志》载有广州城的清海楼、海山楼、斗南楼等，皆未述及层级，唯独望海楼点出五层，是见楼高五层为人注目。万历《广东通志》称："建立五层楼，为会城壮观。"撰于万历二十九年（1601）的王临亨《粤剑编》载"会城五层楼，在城之北山"，表明时已直呼五层楼。但更值得讨论的是此楼的正称。

《大明一统志》载："望海楼，在府城上北，本朝洪武初建，复檐五层，高八丈余。"《大明一统志》修成于明天顺五年（1461），是记载镇海楼最初称为望海楼的最早文献。后来的地方志，如嘉靖、道光《广东通志》，同治《番禺县志》等均称："镇海楼，一名望海，在府北城上。"将原名说成"一名"了。而成化《广州志》所载："（观音）山之后东北循城去百步□有望海楼，撑空倚城，层檐五叠，高十余丈，屹然如屏障。"足证成化九年（1473）之前五层楼尚称望海楼。

五层楼初名为何称"望海"而不是"镇海"？《镇海楼图志·镇海楼述略》称：

> 当时珠江水面比今天宽阔得多，登楼远眺，极目平野，不仅全城在望，更见珠江水波荡漾，状如银带，蜿蜒而过，蔚为奇观，故楼又名望海楼。

但是，作为防卫与军事指挥中枢的城楼，取名应当与防卫有关，此"海"字含义值得考究。

嘉靖年间修楼主事者之一侍郎张岳撰《镇海楼记》，述及明初建楼缘由：

> 国初天兵南下，列郡既听受约束，守将永嘉朱侯亮祖，始作楼五层，以冠山巅，曰"镇海"。楼成，而会城之形势益壮。
>
> ……
>
> 斯楼之成，岂徒抗形胜于一邦，实所以章我国家一统休明之盛，元元本本，明示得意于无穷也。

且不论张岳将此楼初名称为"镇海",单从这段表述可见建楼并不局限于增形胜,而在于彰示国家一统之盛,其事出有因。

洪武元年(1368),明兵南下到了福建。掌握兵权、坐镇广州的元江西行省右丞何真,审时度势归降明朝,受其控制的广、惠、梅、循四州不战而下,促成广东境内平定。朱元璋下诏,高度评价何真:"顷者,师临闽越,卿即输诚来归,不烦一旅之力,使兵不血刃,民庶安堵,可谓识时达变者矣。"

何真得授明江西等处行省参知政事,借重其镇守广东。洪武三年(1370),何真调任山东行省,朱元璋显然想让他离开经营已久的广东。但翌年即奉命还广东"收集旧卒,事竣,仍莅山东",可见他在广东影响力之大。何真在山东任职多年,申请致仕回粤,不被获准,升任四川布政使,调到西南去了。洪武十六年(1383)终于获准致仕,旋又受命与儿子何贵"往广东收集土豪一万六百二十三人",翌年奉命"收集广东军士"。总之,广东虽是和平解放,但归明十六年后还须何真来协助收拾局面。由此来看,广州城池的修建当然就不是多余之举了。

获准致仕的何真终难叶落归根。洪武十八年(1385)被任命为浙江布政使,翌年奉诏入京朝见,被任命为湖广布政使,两年后再次获准致仕。明嘉靖《广东通志》记载,朱元璋在诏书中重提何真归明朝的功绩:

> 当是时,尔何真率岭南诸州壮士,保境安民。非其人,安敢轻入?……曩者事务繁冗,有失抚顺之道,致真职微,有负初归之诚,今特命封尔东莞伯,食禄一千五百石,使尔禄及世世。朕本疏愚,皆遵前代哲王之典礼,兹与尔誓,若谋逆不宥,其余死罪,尔免二死,子免一死,以报推诚

之心。其尚加恭慎，以保禄位，延于永久，岂不伟软？尔
敬之哉。

朱元璋语态软硬兼施，一方面说了些对何真的待遇"有负初归之
诚"的致歉之话；另一方面，仍心存疑虑，又说他要是"谋逆"
了会如何如何。说到底，还是对他在岭南之政治势力不放心。何
真死时，朱元璋亲撰祭文，敕葬广州城南，遣官监护丧礼，备极
哀荣。然而何真的三个儿子终归免不了杀身之祸，其弟自估难逃
其祸而反，更遭擒杀。

这段史实，可为"望海楼"命名立意注脚。望海楼之"望"，
不是赏风景望大江的闲情逸致，而是朝廷对岭南不放心，表面上
还要怀柔以抚，用"望海"而不用"镇海"，贴切地反映了朱元璋
企望四海归心，却对岭南不放心的心态。这也演化为朱亮祖上奏
朝廷，朝廷惧岭南"王气"之说的背景。

至于望海楼改称镇海楼，则又有另一背景与深意。

嘉靖二十四年（1545）张岳主持重修五层楼，撰《镇海楼记》，
称洪武初楼成，即称镇海楼。此时距建楼已过了165年，记事不
确并不奇怪，但可说明张岳撰文之前此楼已改称镇海楼了。至
成化《广州志》尚称此楼为望海楼，可证广东总督韩雍成化二年
（1466）重修此楼时不存在更名情况。到了正德年间，此楼已称
镇海。《正德实录》载有："（广州）城周围二千七百一十七丈，高
三丈有五，镇海楼一……"根据上述文献资料可证，此楼改名镇
海楼应在成化九年之后至正德年间之间。

明代东南沿海常患倭寇，海疆不靖，称"镇海楼"，含"雄
镇海疆"之义。所镇之"海"与当初所望之"海"有所不同，指边
防而非地方，指外患而非内忧，正如明代北方榆林建有镇北台、

宣化建有镇朔楼，所镇皆外敌。张岳曾出使安南，责诘篡位杀主的莫登庸，任广东参政平南有功，擢右副都御史，总督两广军务兼巡抚，因军功进兵部右侍郎。镇海楼重修竣工后，他应邀撰记，却因"戎务未遑"，至嘉靖二十六年（1547）冬末才得暇。其对于使用武力保南疆平安、国家一统体会犹深，主持重修镇海楼并为之作记，也是理所当然了。

综上所述，镇海楼建成初时之所以称名望海楼，其背景与明初"何真归明"后广东的政治格局有直接关系。望海楼之称使用了百余年，嘉靖年间改称镇海楼，则与当时沿海戍边氛围有直接关系。因此，不能简单地只将此楼用名看成是词语的变化。此楼在全国名楼中特有的半城堡式形制，充分反映了它是一座兼具防卫与军事指挥中心用途的城楼。

最值得称道的广东状元是谁

广东史上高中状元者屈指可数，在这些状元中，民间传说最多、名气最响的是伦文叙。除他之外，大儿子伦以谅乡试第一为解元；二儿子伦以训会试第一为会元，殿试第二为榜眼。父子相继登三元，获御赐"中原第一家"并立牌坊，可谓显赫。伦文叙34岁中状元，授翰林院修撰，充任经筵讲学官，参与修玉牒（皇家族谱），主持顺天试，47岁英年早逝，没有什么突出政绩。他之所以为民间所喜闻乐道，一是家族科举之盛，二是民间故事捧场。

但其实，广东状元中最值得称道的是清代状元庄有恭。陈广杰、邓长蹯《广东历代状元》称："庄有恭是广东九状元中政绩卓著的佼佼者。"他不仅是封疆大吏，更是清代难得的治水人才，一生最大作为在治水。和卫国《治水政治：清代国家与钱塘江海塘工程研究》一书，对庄有恭治水事迹也有浓墨重彩的记述，是见其名声在外。广州人似乎对庄有恭在广州越秀区旧仓巷故居的风水故事更为津津乐道，对他的治水事迹却鲜为人知。

清代广东三位状元，庄有恭为首中者，是唯一的广州城人，任职最高。他是文学侍臣出身，累迁至江苏、浙江、福建巡抚，乃至刑部尚书。任封疆大吏十余年，每次升迁都是乾隆帝特擢，不须荐举。他深得乾隆帝器重，乾隆帝两度南巡，皆赐以御诗。但也曾两度获罪革职，甚至御批收监候斩。仕途艰险与所受恩宠形成强烈对比。相比于官场宦迹，重要的是他兴修江南水利的治绩，在江南一带为后人永志不忘。清代学者钱大昕为其撰墓志铭，有诗赞扬其"谐抚吾民"的治水功绩：

> 百城保障气若春，水旱拯恤无因循。
> 清波可活涸辙鳞，筑塘捍海土石坚。
> 或编竹络楗茭薪，震泽底定三江分。
> 原委脉络细讨论，尾闾勿壅流沄沄。

庄有恭，祖籍福建晋江，其父徙居广东番禺（今广州市越秀区）。他出生于清康熙五十二年（1713），小时聪颖异常，13岁已熟通四书五经。乾隆三年（1738）参加顺天乡试，次年中一甲一名进士。殿试阅卷时，侍读学士彭启丰任阅卷大臣，以庄有恭之卷列为第一进呈，主考官以考生籍贯为边省而将卷搁置于外，如此三举三斥。粤西人侍郎杨嗣璟质问主考大臣为何冷落粤生，主考大臣答以"向来粤、蜀、滇、黔都无进呈之例"。杨嗣璟追问："例出自圣旨，还是出自你们这些人？"主考大臣无言以对。杨嗣璟又责问："既非圣旨，何得以边省而屈英才。"并举例前朝伦文叙、林大钦、黄士俊等均为粤省状元，主考官只好将卷子呈送乾隆帝。乾隆帝命当廷拆开第一名试卷检视，见为广东人庄有恭，很是惊喜："广东僻远之省，竟出状元耶？"吏部尚书甘汝来回答："前朝曾有数人，本朝从未曾有。"乾隆帝说："九卿京堂内并无广东人，今得状元，颇为可喜。"庄有恭殿试对策有"不为立仗之马，而为朝阳之凤"句，给乾隆帝留下好印象。

在乾隆朝，治水上升为一种国家战略，河工问题是此科殿试主要内容之一。庄有恭在答卷中推崇明代治水专家潘季驯"以河予淮，以淮予河，而以河淮予海"的主张，展示了他在治水策略上的研究与远见。庄有恭被钦点为状元，即授翰林修撰，充国史馆修撰官，入值南书房，后又充日讲起居注官，备受青睐。乾隆六年（1741），充顺天乡试同考官，后又升右春坊右中允，进翰林院侍讲学士，擢光禄寺卿。

这一时期，庄有恭官运一帆风顺，其间丁父忧归乡，在籍期间还擢升为内阁学士兼礼部侍郎。服满回京，迁兵部右侍郎。乾隆十三年（1748），充殿试读卷官，不久任江苏学政。乾隆十五年（1750）升户部右侍郎，充江南乡试正考官，复任江苏学政，翌年升任江苏巡抚。从朝臣转任封疆大员，他发誓以清勤自励。

庄有恭宦途亦多有风波，好在乾隆帝对他特别开恩。他在江苏学政任上时，浙江人丁文彬献上所写《太公望传》《文武记》，书稿稍一翻阅即可见有谤讪朝廷之语，庄有恭以为不过病狂之语而不加追究。他莅任江苏巡抚后，乾隆十八年（1753），丁文彬又将二书献给孔子后代衍圣公孔昭焕，孔昭焕认为事非小可，将书送呈山东巡抚，即上奏乾隆帝。乾隆朝以文网严厉著称，庄有恭为此受到牵连，上疏自辩。乾隆帝认为庄有恭治水利有政绩，"用为巡抚，尚属能为事"，只以"纵逆"之罪按学政俸银加罚十倍，不再深究。

自乾隆十六年（1751）起，庄有恭出任江苏巡抚六年。浙江是鱼米之乡，全国财赋重心，民生国计受江河水势影响极大。庄有恭任江浙地方大员十余年，十分重视水利河务。乾隆帝认为："自古致治以养民为本，而养民之道，必使兴利防患，水旱无虞，方能使盖藏充裕，缓急可资。"乾隆时期治水重点区域之一在钱塘江入海口地区，海潮肆虐为害。自唐宋以来，为防止海潮泛滥成灾，人们在钱塘江沿江沿海地带陆续修筑堤防工程。庄有恭认为"若及早为之，事半功倍"。

乾隆十七年（1752）二月，经过查勘，他向朝廷上疏建议定期更换浒墅关吏员，半年一代，以防弊窦，得旨允行。十月，署两江总督。十一月，奏请朝廷修筑太仓、镇洋沿海海塘九千余丈，先由国库垫支费用一万六千两，"自募夫役"，然后按受益田亩分两年征还。这样既节省时间，又得到地方士绅和民众支持。朝廷批准后，他认真督办。海塘工程进度快、质量好，在汛期前告竣，并经受住大潮、暴雨的考验，收到预期效果。

乾隆十八年（1753）夏秋之交，淮阳诸郡受洪涝水灾，庄有恭亲往勘察抚恤，奏准朝廷截下漕粮120万石，发帑银500万两以备赈济，救活不少人。乾隆十九年（1754）年，御史杨开鼎奏江南收漕之弊，乾隆敕庄有恭复奏。庄有恭据实禀报：他到任以后，与督臣一同酌定条例，勒石漕仓；定期饬粮道及各道府不时周巡，并派人微服查访，以禁胥吏勒索欺诈；并说明粮户良顽不等，对漕粮之检验不能放松。乾隆嘉许其所言公正。

乾隆二十年（1755），大江南北又遇天灾，庄有恭上疏陈言救荒之策，为乾隆帝所准，所费内府白金千余万两。他亲自督率属吏检视给散，使胥吏不得侵渔。翌年，民多病疫，庄有恭带头捐俸，令有关部门给百姓施药治病，收敛死者，并下令在所辖区域内按此办理。

乾隆二十一年（1756），庄有恭丁母忧，乾隆特命给百日假回籍治丧，并要他在伏汛前赶回，署理江南河道总督。临卸任时，奏明泰兴县（今江苏省泰兴市）捐职州同朱晫主使杀人，按律应绞杀，呈请以巨款赎罪，准其所请，奏候朝廷处理。朝议庄有恭擅自批准赎罪，又有其他擅批议罚之事，拟定其革职解京治罪。乾隆帝复审此案，认定庄有恭罪有应得，但已将赎款全部入库，无私吞情弊，从宽免死，发往军台效力。六月，命庄有恭戴罪署理湖北巡抚。

乾隆二十四年（1759），庄有恭调任浙江巡抚。此时浙西三郡受风、雨、虫害，米价腾跃。庄有恭奏请动用司库银36万，委官往湖广采买，平抑了米价，使百姓歉年不饥。为根治钱塘江水患，庄有恭经过勘察，提出治水之策，乾隆帝对他所提措施予以支持，命军机大臣传谕庄有恭，"速就勘明筹办之处，一面即行发帑兴工，上紧赶筑，毋庸听候部覆迟误要工"。庄有恭与闽浙总督杨廷璋协商后，合词具奏，请求改拨兵弁配置，海塘兵专司负薪、运土、甃石、下桥，设守备1员，千把外委12员，分界防守，"省民夫无算"。

海塘为越中第一保障。乾隆二十七年（1762），乾隆帝第三次南巡，抵达杭州次日便到海宁阅视海塘。这次南巡，乾隆帝定议钱塘江治水方略为"修柴塘、增坦水、加薪价"。他召见庄有恭赐诗嘉勉，并刻石纪念。诗曰："海塘正是投艰处，磐石维安勉奏勋。"庄有恭召集工人，储备材料，严格在期限内完成工程。在施工中，借用前人竹络之法，编竹为篓，实以巨石，鳞次栉比，以保护海塘底部，使海塘经受了大潮的考验。乾隆皇帝认为庄有恭"能尽心"。当年十月，庄有恭调江苏巡抚，乾隆帝仍责成庄有恭跨省专司浙江海塘工程事。

乾隆二十九年（1764），庄有恭升为刑部尚书，暂留巡抚任。江苏巡抚上任伊始，他便在太湖附近"探寻脉络，得其要领"，筹办更大规模的太湖一带的水利工程，疏请大修三江（吴淞江、娄江、东江）水利，三江分流，疏浚出入太湖各河道，经十二州县，分别开宽疏浚，以资分泄。他认为工程看起来浩繁，若十二州县通力合作，各处所承担费用其实并不算多。老百姓听闻此事，都愿意出钱出力。工程组织上，他建议分段督修，"仍须官董其成"。工程费用上，为纾缓民力，迅速动工，工程用白银22万两。建议国库先行支付，再由各州县分年按亩征还，既纾民力，又强调一鼓作气。乾隆皇帝批准后，庄有恭"选绅耆，赋工役"，先疏通桥梁港口，后疏浚河道、河身，"茭芦鱼荡之圈占者，除之；城市居民之不可毁者，别开月河以导之"。工程持续三个多月，畅通了河流与湖泊的连接，改变了河道淤塞、湖泊失调的状况，受到防涝、灌溉和航运三利，大大促进了农业、商业发展。由于措施得力，注重质量，水利工程经受住了大潮、风暴的考验，至道咸年间有记载称：迄此"八十余年，吴淞无水患"。一项水利工程保障了吴淞江八十年无水患，这实在是了不起。

水利为国计民生之命脉，江南为当时国家最为富饶之地，庄有恭在江南兴修水利，功效卓著，深受乾隆赏识。乾隆三十年（1765），升协办大学士，暂留巡抚任。乾隆帝第四次南巡，再次召见庄有恭，又赐诗嘉勉："德政吴松在，何曾让毕亭。"

然而，宦海风波又起。庄有恭即将离江苏巡抚任时，曾劾苏州同知段成功纵役累民，要求将其革职，未定案即已离任。这年十二月，两江总督高晋奏段成功因患疟疾不能检点案牍，致家人贪赃，本人实未与知。巡抚明德奉旨核查，查出段成功假病以开脱自己，于是，将包庇段成功的知府孔传炯、按察使朱奎扬革职解部治罪。庄有恭原来的劾词即有"段成功抱病，家人蒙官舞弊"之语，乾隆帝认为这是庄有恭即将离职赴京，对下属存宽厚之心之故，只革去他协办大学士之职。可是此案再追究下去，又发现庄有恭曾授意朱奎扬、孔传炯为段成功隐瞒事实。乾隆本来就深对各省督抚办理案件瞻徇欺蒙之恶劣习气十分恼火，一怒之下，挥笔将此案通告全国，为各省督抚之戒。乾隆三十一年（1766）二月，大学士傅恒等拟庄有恭罪应斩。乾隆帝御批"着监候秋后处决"。到了八月，念及庄有恭以往功绩，朝廷赦其罪，补授福建巡抚。

经过这三次波折，庄有恭更加谦虚谨慎，办事则更加勤勉。出任福建巡抚时预先告诫家乡族人不要上门造谒，仍登门造访的，就派门人好言劝阻，说是："我任封疆之臣，义当避嫌，等我离职以后再相见。"翌年七月，积劳成疾，卒于任上，终年55岁。此时晋江族人才相会为之哭丧，纷纷称赞他为官公正。乾隆帝还记得他尚欠罚银之事，下谕曰："庄有恭已病故，所有伊江苏学政任内未完银六万余两，著加恩宽免。"

庄有恭颇有文才，平日好吟咏，又写得一手好书法，片纸只字，时人竞相珍藏。他任京官时，乾隆帝对他呈进的诗文数次夸奖。乾隆帝南巡到嘉兴烟雨楼时，特命其侍游联句，成诗二十韵，书以勒石。庄有恭为广州撰文留存至今的，有《广东城隍庙记》《重建番禺儒学记》。

庄有恭墓位于今广州市黄埔区大沙镇飞鹅岭，当地人称其墓地为状元山。此山原有立碑文"皇清例赠中议大夫光禄寺卿显考存斋府君庄公之墓"，被认为是庄有恭之墓。2003年在广州市第四次文物普查中发现盗墓者丢弃在现场的墓志一方，可证墓中所葬与碑同，故此墓为庄有恭父庄存斋墓。道光《广东通志》和同治《番禺县志》等均明确记载庄有恭墓位于黄埔区大沙镇飞鹅岭，"在鹿步乌涌"，土名龙窟冈。钱大昕撰墓志铭，说明父子均葬于此山。近年已由族人修复了庄存斋、庄有恭墓。

广东历史上的状元本来屈指可数，其中一些人英年早逝或富有才情而专于学政，身居高位而有经国济世显著成就者实属凤毛麟角。陈广杰、邓长琚著《广东历代状元》为庄有恭列传，其标题为"岭表稀有誉满江南"，肯定了庄有恭在这支历史人物队伍中的特殊地位。作为状元，其文才不须渲染，而特殊之处在于他曾先后身居数省巡抚及尚书、协办大学士等高位，又长期致力于江南水利建设，卓有成就，造福后人。就此而言，庄有恭当之无愧是广东历史上最值得称道的状元。

广东都城隍爷都有谁

城隍神在民间被称为城隍爷，广东历史上曾经有哪些人物被称为城隍爷？随着在广州的广东都城隍庙修复开放，这个问题也为人们津津乐道。

广州城隍庙由来已久。宋类书《太平广记》收载唐人《传奇·崔炜》，说到广州城隍庙中有"五羊使者"，但庙址未明。宋元时期，城隍庙可能就是城中的五仙祠。明广州城隍庙创建于洪武三年（1370）。明廷规定，每年清明、七月十五日和十月初一为城隍拜祭日，在广州却是以七月二十四为城隍诞辰，相传这天是广州开始筑城之日。这是一个颇具地方性的举动，加重了城隍在广州人心目中的崇拜地位。

清光绪《广州府志》载：

> 城隍庙在布政司大街，旧称府城隍庙。知府主之。南海、番禺无专祀，附祭庙中。国朝雍正间，观风整俗使焦祈年奏请改为广东都城隍。然后巡抚、司道皆诣展谒。庙建自前明，日久倾坏。乾隆三十四年进士凌鱼集众绅呈请捐修，经始辛未之冬，落成于癸酉之秋。

据此，明代广州府城隍庙已在今址，清雍正年间广东观风整俗使焦祈年奏准改称，晋级广东都城隍庙。因焦祈年于雍正八年（1730）抵任至十年（1732），故奏准城隍庙升格事应在此两年间。

明代，朱元璋下诏将全国各地城隍庙中神主一律改为木牌，不祀具体人。清代，朝廷不再禁止百姓"指定一人为神"，让人感到城隍爷"实而亲之"，可畏可敬。1920年，广州市政厅辟惠爱路，广东都城隍庙拆剩下大殿、拜亭。1929年政府收管大殿等建筑，断了香火。1931年神像被砸毁。直到2010年，广东都城隍庙修复开放。

广东都城隍庙重新开放时，"刘王爷"成为聚焦热题。当时，庙内并立三尊城隍爷并标以字号，海瑞和杨继盛两位明嘉靖谏臣列于南汉开国君主刘䶮两侧。三城隍共治一城，已属罕见，其中还有国君，事属蹊跷，引起议论。

唐以前，城隍神是自然神。自唐开始，将其与历史名人相结合，成了城隍爷。《崔炜》中的"羊城使者"，是史载最早出现的广州城隍神。以"鉴察司民"为职责的城隍神，在老百姓心目中十分威严，生前廉明清正的官员，死后才有资格做城隍。城隍神是阴间的在职官员，可以换任，但数位城隍神同治的情况却极为罕见。

见于文献，清代上海城隍庙也供奉着三位城隍爷。第一位是霍光，因此庙前身为供奉西汉大将军霍光的金山神庙，后改为上海城隍庙，霍光神像仍供于头殿，叫作"大房东坐前楼"。第二位是朱元璋指任的秦裕伯。朱元璋慕名请元进士秦裕伯出来做官，连下三诏，秦裕伯不情愿地出来做了个不管事的侍读学士，死后归葬故乡上海。朱元璋说，秦裕伯生前不肯做我的官，死后在阴间给我治理百姓，于是让他当了城隍。第三位是鸦片战争中抗英战死吴淞炮台的将领陈化成，上海百姓将其塑像抬进城隍庙纪念，与秦裕伯背靠背享受祭祀。三位城隍神各有来历，虽共处一庙却没有排排坐，正座是秦裕伯。对比之下，广东都城隍庙的三位城隍爷并列而席，算是特例。

2009年，广东都城隍庙准备修复，庙中神像引起媒体热议。

《广州城隍像"客居"祖庙40年？佛山文博专家称"此说可能有误"——佛山祖庙城隍像并非来自广州》称，传说都城隍庙内城隍像"文化大革命"期间被迁到佛山，供在祖庙内，其金身上刻有"广州城隍"字样，广州主事者有协商请回广州之动议。佛山文博专家出面说明，佛山本无建城，没有城隍，后来佛山镇发展了，居民希望得到城隍爷庇护，便举行仪式，象征性地让广州城隍庙将城隍行台设在佛山祖庙，佛山自塑城隍像，名义上获得广州城隍爷庇护。

《本报记者今早拜访城隍爷，身上无"广州城隍"字样》说是祖庙工作人员向记者展示了庙中城隍神像。此像高约一米，由传统的佛山苎麻塑造而成，遍体漆金，但现场检视，并无"广州城隍"字样。

《祖庙所藏"广州城隍"可能并非主神"刘王"，或是其手下判官之一》说是据某"熟悉广州城隍庙历史"人士表示，该像身较小，极有可能并非广州都城隍庙主神"刘王爷"，而是其手下十大判官之一。

民国《佛山忠义乡志》记载，佛山于清康熙五十二年（1713）重建道观万真观，适值当年大旱，饥殍遍野，遂在观左侧建一大慈堂，专祀无主鬼神主牌。雍正五年（1727），"游魂不安，怪异屡见"，于是到广州奉请都城隍神以镇抚之。此为佛山城隍行台之肇始。其时广州城隍庙尚未升格，所请的只是府城隍爷，佛山祖庙所供"广州府城隍主宰正直之神"牌位可为明证。

2012年某报刊发了曾任佛山博物馆馆长的广东省博物馆副馆长肖海明的文章《广州城隍、佛山城隍虽有呼应，却分彼此》，称佛山祖庙城隍像属于庙中二十四尊漆扑神像之一，均在佛山塑造，最早塑于明崇祯八年（1635），城隍像绝非从广州拿来。所谓"刘王手下十大判官之一"的说法，也就不成立了。

然而，"广州城隍庙主神城隍爷'刘王爷'"的说法显然有着很关键的影响。"刘王爷"就在这不清不楚的"极有可能"中，堂而皇之地坐上广东都城隍庙正座。

广东都城隍庙三位城隍神升座排排坐，大概是仿照佛教三世佛、道教三天尊的排场，但这一说法经不起推敲，也令人对居中的"刘王爷"百思不得其解。

城隍等级本因城而异，王号都是人间帝王封的。洪武二年（1369）正月，朱元璋对礼官说："明有礼乐，幽有鬼神。……兹以临御之初，与天下更始，凡城隍之神，皆新其命。"封南京、北京等一批城隍神为王，定为一品，对府、州、县城隍神分别定为二、三、四品，级别在地方官员之上。但他很快觉悟，这样封下去，无以为继，且置王权于何地？翌年即下诏除去城隍神诸封号，只称某府州县城隍神，按部就班，返璞归真。规定城隍庙与同级官署厅堂规模相等、摆设相同，撤去城隍爷塑像，换上木牌位，原有塑像稀释为泥，涂在庙里墙壁上成云、山状。城隍是阳间统治者驱使的阴间官员，等级森严，充其量加冠晋王，岂有以国君身份任一地城隍神的道理。

另外，城隍爷洞察一切，惩恶扬善，先得自身有个好名声。凭什么让刘龑领衔坐镇都城隍？某报2013年《广州城隍庙供的是刘皇》一文泄露天机："传说刘岩同刘备一般双手下垂过膝，骑射武艺样样来得，又精通占卜之术，故此由他坐镇城隍庙。"此说来自梁廷枏《南汉书》。不过，此类异相之说，本属古时为成功人士贴金之语，焉可当真。《中国人名大词典·历史人物卷》"刘龑"条目称其"君暴政苛，以酷刑杀人取乐，淫侈无度，故民心愤怒"。《南汉国史》则较客观地还原了历史上的刘龑，说他"前期的励精图治使南汉国的国力逐步上升，岭南局势趋于稳固。但是随着帝位的确立与稳定，刘龑私欲愈来愈浓，奢暴的作风日益加重。到了晚期，刘龑排斥士人，亲近宦官，荒于政事。南汉国事日非"。晚年刘龑除了大建宫殿，极尽奢侈，更滥施酷刑，手段之残忍，令人发指。《南汉书》记载的刘龑生性残忍，以杀戮取乐，到了变态的地步：

> 素嗜杀，制造酷刑，有灌鼻、割舌、支解、剐剔、炮炙、烹蒸、及汤镬、铁床诸法；或聚毒蛇水中，以罪人投之，曰"水狱"；又下汤镬后加日曝，沃以盐醋，肌体腐烂，尚能行立，腥秽之气，充沸殿庭。每决事，垂帘便殿，有司在阶下屠脍罪人，帝必垂涎朵颐，若嗜其膏肉气者。久之，复常，乃引罪人退。人以为真蛟蜃也。

中国古代神话传说里，蛟是一种巨大的龙，生活在深海之中，有着非常强大的力量和能力。蜃是一种巨大的鱼，能够变幻成各种形态，迷惑人的眼睛。因此，蛟蜃成为巨大和神秘的象征。这样一位被视为非人类的暴君，千年之后，竟然被抬上城隍宝座，真不可思议。

既不是暴君刘龑，"刘王爷"是否另有其人？见诸本地志籍，未见广州城隍有姓刘者。不过，孙卫明《广州都城隍庙》书中，有"刘大夏：不为人知的'忠宣公'"一题，提到曾在广州城和从化生活过的清嘉庆年间广西按察使姚莹撰《漳州府重修城隍庙记》中的两句话："世传京师都城隍为杨忠愍，广东都城隍为刘忠宣。"这两句话点出了一位叫刘忠宣的广东都城隍爷。

刘大夏，华容（今湖南省华容县）人，谥号忠宣。其父刘仁宅曾任广西按察副使。弘治二年（1489），刘大夏调升广东右布政使，政声很好。他奉命前往田州泗城（今广西壮族自治区凌云县西南）告诫肇事者，事情很顺利地解决。奉檄讨伐后山贼，下令只许活捉，验明为贼才杀，使一半人获得生还。官府钱库有名目叫"羡余"钱，名义上作为进贡皇上的附加税，从不记入账上。以前的布政使都毫无顾忌地将此项下的钱塞进自己腰包。刘大夏抵任清点府库，羡余项下有前任未取完的一些钱。管库小吏依成例向他报告，说这笔钱不必记入账簿。刘大夏沉默了好一会儿，猛然大声喊道："我刘大夏平时读书，有志于做好人，怎么遇上这件事就沉思这么长时间，实在愧对古代贤人，算不得一个大丈夫了！"于是命令把这笔钱全数入账，自己分文不取。

从化建县，县城择址横潭（今属广州市花都区新华镇），工程累年不就。刘大夏择人授役，一年功成，百姓永怀感念，康熙《从化县志·城垣志引》称："考城垣为巡抚邓廷瓒委官所策，而父老相传创始于刘公大夏。"

刘大夏与广东名儒陈献章交往甚密。陈献章标榜自许，与高官感情交集不多，与刘大夏来往却特别密切，称赞刘大夏"爱民如子，守身如女，不要说在今人中，就是古人亦不易做到"。刘大夏常常乘着小艇去拜访陈献章。两人"泛舟厓门，吊慈元故址"，商议在大忠祠上方立慈元庙纪念厓山之役中赴海殉节的南宋杨太后。刘大夏调走时，将修祠之事委托广州府通判顾叔龙，终成其事。陈献章实践诺言，撰下祠记。

此后，刘大夏调任浙江左布政使等职，上三疏称病辞官归乡读书。弘治十三年（1500），廷臣纷纷举荐刘大夏，起用右都御史，就任两广总督。使者上门宣旨，刘大夏带着两个僮仆立即启程。两广民众得知他又来任职，欢欣称庆。他总督两广军务的这段时光，雍正《广东通志》载称"广人闻命，如婴儿之望慈母"。

弘治十五年（1502），刘大夏拜兵部尚书，屡次推辞未获准。明孝宗问及他数次称病而去的原因，他说："臣年老又有病，看见国家民穷财尽，倘有不测，责在兵部，估量自己力不从心，因此而辞。"孝宗察知刘大夏正直严谨，办事熟练，国有大政大疑皆问于他，刘大夏也言无不尽。孝宗问及前言天下民穷财尽，说祖宗以来征敛有常，今日何以至此。他对答说："正谓不尽有常耳。如广西岁取锋木，广东取香药，费固以万计，他可知矣。"他以广西进贡锋木、广东进贡香药为例说明征敛不当，孝宗采纳其建议，减轻了岭南百姓负担。

除上述人物外，乾隆十八年（1753），时任江苏巡抚的番禺人庄有恭应家乡之邀撰《广东城隍庙记》说道："奉命巡抚吴中，闲览旧志，城隍之神，皆有庙号，赐爵指人一以实其神。……惟吾粤无之，于义犹古。"庄有恭说江南一带都是指定一位古人任城隍，只有广东无此做法，是遵循古义（即朱元璋的规定）的表现。广州城隍升格之后，至乾隆时尚未修通志、府志，而乾隆《南海县志》对都城隍庙无载，难怪庄有恭不了解广东都城隍有以人祀神之事。

不过，在嘉庆二十三年（1818）刻本黄芝撰《粤小记》上，可见到有名有姓的广东都城隍爷："世传粤之都城隍，向者杨椒山，海刚峰继之，今则倪文毅。或云今都城隍乃李恭毅湖。"这些广东都城隍人物当先后任于雍正八年至嘉庆二十三年（1730—1818）这近九十年间，有明人杨继盛（号椒山）、海瑞（号刚峰）、倪岳（谥文毅）和嘉庆时正在广东都城隍位上的清人李湖（谥恭毅）。

杨继盛，容城（今河北省容城县）人。兵部员外郎，《明史》本传称："直谏诸臣，以继盛为首"，他因上疏劾权臣严嵩"十罪五奸"，惹怒嘉靖帝而被杀。海瑞，海南琼山（明代属广东范围）人。他是鼎鼎大名的清官，以劝谏嘉靖帝获罪下狱，事迹老少皆知。倪岳，上元（今江苏省南京市江宁区）人，官至礼部、吏部尚书。《明史》本传说他"严绝请托，不徇名誉，铨政称平"，"善断大事"。"前后陈请百余事，军国弊政，剔决无遗"。李湖，字又川，南丰（今江西省南昌市）人，官至湖南、广东巡抚。清正严明，平盗有治绩，卒于广东任上。道光《广东通志》说他去世时，"粤民泣送归榇，填塞街衢如失慈母云"。这些人都是受到世人尊敬的铁骨铮铮的汉子，跻身广东都城隍之列当之无愧。

清代广州是一口通商口岸吗

几乎所有的权威史志出版物都异口同声地持"清代广州一口通商"的说法，具体记述则众口不一。但是，这一说法并不符合史实。如果说，言者是指清代曾经有一个时期实行过"广州一口通商"，其表述也不准确，至少是不严谨。

首先，此处的"通商"，其实只限于外贸通商，只是因为约定俗成之故，没有引起更多质疑。其实，广州与岭北，特别是与长江流域的货物也有通商行为，诸如香港的南北行，做的就是南北货物转运通商的生意。

其次，清代的对外通商政策并非终于一朝，而是有所变化，大体可分为四个阶段：

第一阶段，清初由于对沿海一带多次的迁界、海禁，致使沿海省份无片帆入海。这一阶段，说不上什么对外通商。

第二阶段，康熙二十三年（1684）宣布废除"海禁"政策，随之以泉州、广州、明州（今浙江省宁波市）和上海（今江苏省连云港市）为对外贸易口岸，分别设置闽、粤、浙、江等四海关。粤海关为翌年所设立。该阶段持续约73年，四关并立，说不上什么"一口通商"。

第三阶段，自乾隆二十二年（1757）实行由广州一口对西洋通商，有85年。

第四阶段，道光二十二年（1842）清廷签订《南京条约》，其条款开放"五口通商"，广东"一口通商"地位已失，此时至清亡尚有70年。

综上所述，所谓广东"一口通商"时间，只占有清一代267年的近三分之一。

采用"一口通商"说法者或许还有另一种意思：清初开设的全国四海关及口岸中，只剩下广州一口对外贸易。在广东、广州相关史志载籍中，对此有如下表述。

《广东省志·对外经济贸易志》称：

> 乾隆二十二年（1757年），由于英国商人在宁波等地扰乱，清政府封闭了江苏、福建、浙江三个通商口岸，限定粤海关一口通商。在此后80余年中，粤海关成为全国对外贸易中唯一口岸。

《广州市志》"卷七·外经贸综述"称：

> 乾隆二十二年撤销了明州、泉州、上海三处通商口岸，实行了广州一口通商的外贸体制，直到1840年鸦片战争前。

蒋祖缘主编《广东通史》（古代下册）称：

> 乾隆二十二年（1757），清廷为禁止外国商人到其他地方做生意，限定只在广州一口通商……

章深主编《广州通史》(古代卷) 称:

> 乾隆二十二年（1757），清政府禁止西方商船前往江、
> 浙、闽沿海贸易三关，广州成了自海路而来的唯一中西贸
> 易口岸。

上述著述中，《广东省志》《广州市志》对广州以外三处口岸使用了"封闭""撤销"的字眼（注意这里说的是对口岸封闭、撤销，而不是只对西洋来舶封闭、撤销口岸）。在"粤海关成为全国对外贸易中唯一口岸""广州一口通商""外国商人限定只在广州一口通商""自海路而来的唯一中西贸易口岸"等说法中，只有《广州通史》表述较为严谨，其他说法较模糊不清。

要说清这一问题，必须对乾隆二十二年（1757）清廷作出的决策，以及相关背景有清晰的了解。

清康熙年间废除海禁，在几乎覆盖东南沿海的江苏、浙江、福建、广东等四省分别择地设立海关。大多数的出版物笼统地称康熙二十三年（1684）或康熙二十四年（1685）设立四海关。其实，四海关的设立有先后，最早的闽海关设立于康熙二十三年，翌年，其他三关陆续设立。粤海关监督的任命始于康熙二十四年，是粤海关设立的标志。江海关的地点，有称不是一开始就设在上海，而是始设于连云港，后迁上海。但从海关遍设于东南沿海，可见清廷在开始设立海关时，并未着意于"一口通商"，而是开放了东南沿海，无非是想把外贸做大。而"海关"一词，许多人理解就是面对海运之关口，实际上，中国海关系统还包括陆地口岸的陆关。《广州通史》使用了"自海路而来"的说法，就是注意到了这一点。

　　清代粤海关对西洋一口通商政策的制定有一个过程。清政府设四口对外通商后，东南沿海百姓纷纷搭借贸易船只，前往外洋谋生，甚至还向外国私卖船只。为了禁止中国人与外商接触，防止"隐患"发生，清廷对外贸实行诸多限制，如营商海舶的船只大小、载运货物、航海人数等。对来华贸易外商的商务活动、居住处所、停留期限、出口货物等也规定了许多禁例。

　　外商在中外贸易往来中，为追求更大利益，违禁之事不断增多，尤以英国商人最为突出。康熙开禁初时，英国、荷兰等国船只企图在东南沿海建立商港作为对华桥头堡和贸易基地，打进中国当时最为富有的江南丝茶产区，这一企图和尝试遭到清廷坚决反对。自从康熙三十九年（1700）英商在定海（今舟山市定海区）设立商馆失败后，英国和其他欧洲国家一样，只好将贸易重点逐渐转移到广州口岸。

　　雍正二年（1724），清朝规定到广东的西方商船一律到广州的黄埔港（今广州市海珠区新滘镇黄埔村）停泊，除商人外，水手等不得登岸。雍正十三年（1735），又令其改泊澳门，因遭到居澳葡人坚决抵制未能实行。乾隆元年（1736）一月，乾隆帝降旨对来华贸易的外舶采取措施："朕闻外洋红毛夹板船到广时泊于黄埔地方，起其所带炮位，然后交易，俟交易事竣，再行给还。"在明确允许外国来粤商船可以停泊于黄埔港的同时，还要求粤海关取消对西方商船加征的关税。第二年，他又根据水师提督苏明良和两广总督鄂弥达的建议，下旨免除西方商船进港后起动大炮交中方收贮的规定。这是对入粤贸易的外商的优待。

　　出于对输出丝绸和茶叶的需要，西方商人仍希望在邻近丝茶产区或其他商品生产地区开辟贸易基地。雍正末年，英商已有"移市入浙"的趋势，试图打进中国丝茶产区。英国东印度公司企图重新开辟宁波口岸，频繁地派船到浙江贸易。《清高宗实录》载，乾隆二十年（1755）前后，"洋船至宁波者甚多"，宁波大有"将又成一粤省之澳门"之趋势。然而，在清廷看来，"浙民风俗易嚣，洋商错处，必致滋事"，而且江浙物产丰富，一旦外国人进入，必然对封建统治不利。更重要的是，更为远离全国政治中心的粤海关的海防，要比浙海关牢固，有利于防范外商和保证税收。为了阻止外国商船北上浙江，闽、粤总督奏请："浙关正税，请视粤关则例酌加增一倍。"即通过提高粤海关关税一倍，欲使外商无利可图，舍浙而就粤。然而，外商就近购买江、浙丝茶，价格比广东便宜，即使增加关税，仍可获利。因此，赴浙外船仍络绎不绝，增税并未达到抑制洋商入江浙规模的预期效果。为此，乾隆帝在乾隆二十二年（1757）十一月初十下旨，限定对洋船只在广州一口通商贸易。谕旨称：

> 从前令浙省加定税则，原非为增添税额起见，不过以洋船意在图利，使其无利可图，则自归粤省收泊，乃不禁之禁耳。今浙省出洋之货，价值既贱于广东，而广东收口之路，稽查又加严密，即使补征关税、梁头，而官办只能得其大概，商人计析分毫，但予以可乘，终不能强其舍浙而就广也。粤省地窄人稠，沿海居民大半藉洋船谋生，不独洋行之二十六家而已。且虎门、黄埔在在设有官兵，较之宁波之可以扬帆直至者，形势亦异，自以仍令赴粤贸易为正。本年来船，虽已照上年则例办理，而明岁赴浙之船必当严行禁绝。
>
> ……将来只许在广东收泊交易，不得再赴宁波。如或再来，必令原船返棹至广，不准入浙江海口，豫令粤关传

谕该商等知悉。若可如此办理，该督即以此意为咨文，并将此旨加封寄示李侍尧。令行文该国番商，遍谕番商，嗣后口岸定于广东，不得再赴浙省。此于粤民生计，并赣、韶等关均有裨益。而浙省海防亦得肃清。

乾隆对此动机说得很清楚，就是要原来应在粤海关入关的洋船只许在广东收泊交易。全谕并无《广东海上丝绸之路史》称"清廷在乾隆二十二年（1757年）十一月宣布封闭闽、浙、江3个海关""粤海关成为清政府批准的全国对外通商的惟一口岸。全国海上的进出口商品交易全由广州一口经营"之意思。据《中国海关通志》所载，江、闽、浙三海关并未从此关闭或撤销，只不过从此仅办理本国商船从此口岸运载进出口货物及东洋、南洋商船贸易手续，粤海关因此成为唯一监管西洋商船进出口贸易的海关。例如吕宋（今菲律宾）的西班牙商船继续被允许前往厦门贸易，中俄北方边疆贸易则由边境的陆关处理，但从清帝国对外贸易主要是西洋贸易的角度上，人们习惯于把这一年视为清代多口贸易时期的结束。

尽管如此，英国东印度公司赴浙贸易之心不死，于是派洪任辉率船前往宁波。

洪任辉（James Flint）是18世纪的一名英国商人和外交家，曾在广州学习中文，是英国第一个中文翻译。乾隆二十年（1755），英国东印度公司派喀喇生（Samuel Harrison）和洪任辉前往宁波贸易。自此，东印度公司增加了宁波的贸易量并导致广州港贸易大受影响。朝廷因此将浙江海关的关税提高一倍。乾隆二十四年（1759），洪任辉进京告御状。在宁波遭拒绝进港后，他没有按照中国官方的要求将船驶回广东，而是驶往天津，拟赴京师控告粤海关官员贪污、刁难洋商及行商黎光华欠款等情弊，并代表东印度公司希望清政府改变外贸制度，保护洋商正常贸易。直隶总督方观承将情况奏报，并以洪任辉的原呈及款单等件附呈。得知此情况，乾隆帝谕令福州将军新柱、给事中朝铨前赴广东按验，并押送洪任辉回广东质讯。结果，洪任辉所控均属实情，清政府作出如下处理：一是中国相关人等受到惩罚，将粤海关监督李永标革职、家产查封；二是将《粤海关则例》内的规例名目一概删除，合并核算，改称"进口出口归公银"；三是查没行商黎光华家产，按股匀还外商欠款。同时，对干犯禁令代英商写呈词的华人刘亚匾处以死刑，对洪任辉则以"勾串内地奸民，代为列款，希冀违例别通海口"罪，拘押于澳门前山寨三年，刑期满后驱逐回国。

此事件之后，清廷将广州作为对西洋通商唯一口岸的力度加强，颁布《防夷五事》，限制外商活动。洪任辉事件是清政府实行广州对西洋一口通商的直接原因，也成为清政府彻底实行由广州对西洋独口贸易的标志。从此，粤海关对西洋独口通商的制度便确立下来，一直持续到道光二十二年（1842），历时85年之久。

乾隆五十八年（1793年），英国使臣马噶尔尼访华，要求扩大中英贸易的口岸至天津、江浙等地，乾隆皇帝回答是此乃"更张定制，不便准行。……除广东澳门地方仍准照旧交易外，所有尔使臣恳请向浙江、宁波、珠山及直隶天津地方泊船贸易之处，皆不可行"。对于英国"在京城另立一行收贮货物发卖"的要求，乾隆帝更是严词拒绝："京城为万方拱极之区，体制森严，法令整肃，从无外藩人等在京城开设货行之事"。英国既然有澳门洋行发卖货物，"何必又欲在京城另立一行。天朝疆界严明，从不许外藩人等稍有越境搀杂，是尔欲在京城立行之事，必不可行。"

中英间的贸易交锋，凸显广东在海外贸易中的独特地位，也是广东对西洋一口通商体制不断得到巩固的过程。广东对西洋一口通商的政策的实施，直到鸦片战争结束。

自古以来，对外通商不限于海上，清代的海上对外贸易也始终不限于广州一口。清乾隆二十二年（1757）十一月乾隆帝下旨限定对洋船只在广州一口通商贸易，实为针对西洋来华海贸而言，这一政策施行至中英签订《南京条约》开放五口通商之前，施行时间也只占有清一代267年三分之一的时间。因此不能笼统地说清代广州"一口通商"。限令广东对西洋一口贸易，是清代对外贸易史上的重要转折点，对广东海上丝绸之路的持续发展起了促进作用。对西洋一口贸易这一时期，全国的对外贸易大多集中在广东进行，使广东商业贸易出现了繁荣景象。

大小马站是条书院街吗

　　位于广州市越秀区城区中心的大小马站、流水井历史建筑，多被人们称为"大小马站书院街"，定位为一种文化教育机构，称其是广州清代书院文化、书院教育的一个组成部分。那么，此处究竟是不是清代书院群，又有着怎样的建筑与文化呢？先从厘清"书院"概念开始。

　　概念的混乱是"大小马站书院街"说的依据。越秀区地方志办公室、区政协学习文史委员会编《广州越秀古书院概观》（下称《概观》），将大小马站、流水井"书院群"同列于广州各大书院及学堂：

　　　　以越秀古城区的广州府衙为中心，方圆一公里之内所设的文化教育机构计有粤秀、越华、羊城、禺山、西湖书院、学海堂、菊坡精舍、应元书院、万木草堂、广州府学宫、大小马站、流水井的书院群，再延伸一点还有番禺学宫、南海学宫、贡院，形成了一个多层次的文化教育地带，成为广东的文化教育中心，学术中心。

而赖南池、刘梅主编《没有围墙的博物馆》称其为广州古代学堂书院体系中的"广州书院历史深处"：

> 清朝平定三藩后，备受战乱和藩政摧残的广州教育事业迅速恢复和发展，形成了全国著名的学堂书院体系。学堂书院是中国古代开展教育活动最主要的场所。广州的学堂大致分官学堂、私学堂和书院三种。清代广州学堂在数量上居全国之首，而且分布集中，今越秀区是古代广州城中心范围，以其区域内今广大路的广州府衙为中心，方圆3.2平方公里形成了一个由官学堂、私学堂和书院构成的多层次学堂体系，形成一个全国罕见的、空前绝后的书院群。清代初期，在广东科考龙虎榜上，越华书院、粤秀书院和羊城书院并称"羊城三大书院"。

因此，不得不在分析"大小马站书院街"之前引用这么一大段材料，借以剖析。

将广州的"书院"与官学堂、私学堂并列，这种介于官办、私办之间的书院，是什么性质呢？好在下文对应清代广州"形成一个全国罕见的、空前绝后的书院群"举例了并称"羊城三大书院"的越华书院、粤秀书院和羊城书院。这3所书院，均列于《概观》"清前期的越秀古城区兴办的官办书院"一章，属于官办书院。

清雍正十一年（1733）诏令各地总督、巡抚于其驻节之地建立省会书院，这是清代正式建立省级书院的标志。全国各省省会相继建立置于总督、巡抚直接控制之下的23所省级书院，广东有粤秀书院和端溪书院2所，分别为广东巡抚、两广总督驻地。

清代中后期，为适应变化了的学术形势与教育需求，很多省会又增设了一些在全省或两省范围之内招生的新生代省级书院。

据邓洪波著《中国书院史》所载，广东新增省会书院最多，列名越华书院、广雅书院、学海堂、菊坡精舍、应元书院。其中，地近政治中心双门底的越华书院地位甚高，钦差大臣林则徐曾驻节越华书院，并在此举办"观风试"。《概观》载，"越华书院属省级书院，故其院长由省级官员礼聘，一般由督、抚会同学政酌商确定人选"，"招生面向全省"。羊城书院则"属府级的官立书院"，其招生面向广州府。

这三大书院显然属官办学堂。如此将广州的学堂大致分为官学堂、私学堂和书院三种，并不科学。书院本有私办、官办之分。《中国书院制度研究》提出中国古代教育史上，官学、私学和书院平行发展的格局，三者成鼎立之势的论点，书中称：

> 自书院出现以后，我国古代教育史发生了一个很大变化，即出现了官学、私学和书院相平行发展的格局，三者成鼎立之势，直至清代末年。

此处所说"官学"，当指府州县学乃至太学、国子监之类的学堂，或可认为是"官学"的狭义，但这种称法易引起将书院排斥在官府设立的学校之外的理解。与此同时，在《中国书院史》中又出现了清代"各级官办书院成为全国各地大小不等的学术教育中心"的论点。这一论点首先立足于书院是有别于学堂的教育机构，对"书院""学堂"概念范畴及演变未作准确和清晰的界定和分析，而从官办、私办的角度去将书院与学堂割开，分类标准双轨，论述起来就难免产生混乱。

书院这一教育模式，产生于唐初。在广东，书院最早出现在北宋时期的粤北，南雄孔林书院为已知最早的书院，其反映了中原文化的南传。宋以后，起自民间的书院渐而充当和代替了官学的角色，走上官学化的进程。清雍正、乾隆时期，构建了与科举相结合的官办书院体系，书院成为国家养士的主要场所。在此背景下，更无法将书院与官学分开为两类性质的教育机构。

作为教育机构的书院，不管其如何演变，基本特征（条件）是不变的：必须有掌门人，多称为山长，阮元创办的学海堂改革为八学长制；必须有选录的学生；必须有教师及课程、课试和肄业期限；必须有藏书。

以此对照大小马站、流水井的书院群，并对其历史状况稍作考证，不难发现"书院群"定位是一个误区。《概观》"清代越秀古城区的宗族（祠）书院"章中专门记述了四所较有代表性的宗族祠书院：考亭书院、庐江书院、三益书室、平所书院。

考亭书院，创建于嘉庆年间，"有其特定的祭祀功能，又是本族子弟读书赴考的进修场所"。"民国时期，这里成为学生宿舍……书院成为省内族人子弟到省城读书寄住之所。"

庐江书院，又名何家祠，创建于嘉庆年间，"作为省内何姓人子弟到省城求学寄宿之所，或作他用"。其主体建筑为头门、中堂和后堂，中堂为族中议事处，后堂为祭祀族祖正祠，还有魁星楼（亦叫登云楼），祀奉魁星。东西两侧为试舍，占地最多，高2层，共43间，为省内何姓各房子弟来穗考试时用。各试舍门上有石额，分刻"新会房""恩平房""龙塘房"等字样。

三益书室，创建于光绪年间，"以资助同乡三姓学子到县城（按：在台山县城也建有三益书室）和省城参加科举考试时，有个进修学习、等待放榜的居所，或到县省求学时有所寄居，同时亦方便乡里三姓人到县、省城办事有个歇脚食住之处"。

平所书院，创建于清嘉庆年间。《概观》只提到建有书屋和奎楼，未提及与教育的具体关系。

《概观》对这几处书院的建筑作长篇介绍，而与读书相关的内容却寥寥无几。从记述中可见这些书院都不具备上述所列的书院的基本特征，称得上是一无山长、二无学生、三无教师和课程、四无藏书的"四无"机构，书院功能无从体现。

这些书院的建设背景，是自乾隆后期至嘉庆年间，是广东科举考试日渐繁盛的时期，亦是官学兴盛时期。广州府学及越华书院等官办书院增收课生，促成了宗族"书院"之建：

> 大小马站、流水井一带，很多省内大姓宗族，多在嘉庆年间创建宗族（祠）书院，以助本族宗人到省城赴考争取功名，省内何氏宗族为了方便本族子弟到省城应试，于是创建了这所庐江书院，并相应制定了很多规矩……如"对到省参加'广府'乡试的宗人子弟要持有'斋集牌'始准入住，并规定考完出案后十日，一律搬清。

显然，这是本省宗人到省城赴乡试的歇脚点，且需具备资格证明并限时日。

清代广州城内，作为教育机构的书院，包括官办和私办的，以官办为主，如越华书院、粤秀书院、学海堂等，私办的如康有为办的万木草堂。既然这些"宗族（祠）书院"不同于传统书院，功能不在教书研读，对其称名该如何理解？

在以教育功能为主的书院之外，中国民间还有两种不以教学为主要任务的家族书院。

一是儒家圣贤先哲、历史名人后裔创建的家族书院，创建者意在光耀先祖、培养后人，此类书院或办有私塾，以教学与祭祀并重，但以祭祀为第一位，更多的是不办私塾。例如，尚存于中山一路杨箕村长庚直街22号的"敬斋家塾"，三间两进，建筑占地面积不到200平方米，是奉祀杨箕村黄姓先祖黄敬斋的祠堂，不办学。清琦善《兴复宗圣书院记》（载咸丰《济宁直隶州志》）称，此类书院"是则名为书院，实仿庙制，岂家塾党庠所能牵混，且神像巍然，尤宜粪除洒扫，以昭肃静，而可使生徒杂处其间哉！"是则连生徒也容不得在内读书。

还有一种名为书院的合族祠，实际是不作为教学用途的宗族祠。这类书院的出现有特定历史背景，《概观》中述及：

> 自雍正十三年（1735），清政府颁"聚众结盟罪"，严禁民间私制藤牌、结合；禁擅自建寺、观、神、祠。省城首当其冲，禁建祠堂。祀为宗族血缘联系最重要、最隆重之仪式，汉人重孝道，慎终追远，书院由此便成为解决这一问题的重要途径。

可见这类书院的出现，是为了解决宗族祭祀之用。大小马站及流水井书院就属于这一类。《广州市文物普查汇编·越秀区卷》称：

> 西湖路大马站、小马站、流水井这三条南北向街道里分布有多座书院。书院清代为省内各府、县读书人在省城参加科举考试时进修赴考和等待放榜的住处，也有作为宗族子弟读书或本宗成员从各县到省城办事落脚歇息之处，也有宗族内有名望的同姓族人倡议合资兴建的跨地域性的宗祠。

此句"宗族子弟读书"并不等同于在此受学，只是为到省城读书或赶考者起寄宿（时称"试舍"）作用，说不上是教育组织或教育机构，更谈不上扩张"书院文化"。

由于经济和社会活动的需要，清代一姓同宗在省城建合族祠成风。黄海妍《在城市与乡村之间：清代以来广州合族祠研究》一书指出，清代广州城中的合族祠呈现出多样性和复杂性，它们当中有来自同一乡下的单个宗族或高层宗族建造的"试馆"；有联络多个可以追溯到共同世系关系的同姓宗族，以联宗的方式建立的合族祠；还有那些并非基于"宗族"概念建立起来的同姓组织，但这些合族祠的同姓宗族之间并没有共同的世系关系。这三种"合族祠"在功能上都为加入其中的各地乡村宗族成员在广州提供落脚点和联络处，因此大多在祠堂式建筑中供奉祖先牌位、举行春秋祭祀仪式、编纂合族祠谱。

清朝官府对建合族祠的态度，从康熙、雍正到乾隆前期的首肯、支持，到乾隆中期，情况有所变化，合族祠成为"把持讼事，挟众抗官"之地，引发了政府一次又一次的大规模的禁祠行动。禁毁合族祠的行动自乾隆二十九年（1764）发端于江西。其后，乾隆帝发布上谕，指出"恐不独江西一省为然"，下令全国"各督抚等饬属留心稽查，实力整顿所辖之地，如有借端建立府省公祠，纠合匪类，健讼扰民，如江西恶俗者，一体严行禁治，以维风纪而正人心，毋得仅以文告奉行故事"。广东省爰奉上谕，布告全省无论州府县城内"不准妄联姓氏，创立祠宇之例"。江西巡抚辅德在取缔合族祠时，认为"或实有愿留为该姓应试生童公寓，尚属可行"，于是各地建合族祠的应对办法就是"皆改题书院"，声言各房子弟赴省应试居住之用是合族祠修建的主要目的。

《岭南冼氏宗谱·曲江侯书院图记》载："乾隆三十七年，巡抚张彭祖以城内合族祠类多把持讼事，挟众抗官，奏请一律禁毁。

于是各姓宗祠皆改题书院。我祠之以书院名亦由于此，故祠制也。"面对官府自上而下的禁毁合族祠行动，广州城中的合族祠也采取了改称书院、书室，作考试寓所之用，以便继续存在等办法。自此，城中合族祠大多以"某氏书院""某氏书室""某氏试馆"为名，鲜有再题为"大宗祠"的。

到了咸丰、光绪年间，广东官府再次启动两次较大规模的取缔合族祠行动，声言"后亦无敢倡此举者矣"。广东官府档案《禁止省会私立宗祠及书院义学等项》称：

> 咸丰二年十二月日奉按察使司王札、奉署广抚柏窦札，窃民间建立宗祠，本为祀先睦族而设，自应在于本籍乡里，就近建立，……宗支亦便于联属。岂宜舍本乡本土，远涉省垣，纠集同姓创建。且省会地方，人烟稠密，以圜匮栉比之所，而杂以祠堂逼处其间，不特有碍于居民，抑亦街邻所共恶。……粤俗素称健讼，鼠牙雀角之辈，更得便于往来，驻足是所建祠堂。始则为肥橐之计，继则成聚罪之区。又或固屋宇空间，零星转赁，势必至藏污纳垢，窝匪聚赌，流弊致多。此外虽有书院、义学等项，皆祠堂之别名，均此一律严令禁止。除既往不咎以杜纷扰外，嗣设省会地方，毋许再有同姓敛费，添建祠堂以及书院、义学等项，以惩恶习而维风教。

此公文中"虽有书院、义学等项，皆祠堂之别名"，已经将所谓"合族祠书院"的性质说得很清楚了。不过，在合族祠的发起者和管理者的诸多努力下，这些挂名书院的合族祠想方设法提高自身的社会地位，从而得以长期存在。

　　由此观之，《概观》将大小马站、流水井的"书院群"认定为"宗族书院作为特定姓氏家族背景支配下的教育组织"是不准确的。宗族书院作为书院教育的组成部分，在近代教育史上确实有重要地位，但是，将这些宗族祠与宗族书院混为一谈，归入"广东近代教育与新式学堂教育的前身与发祥地"，就不符合历史了。明确这一历史，对于如何认识与利用这些"书院群"才不会产生没有文化的文化阐释，大小马站、流水井"书院群"应正名为"宗祠群"。如果说，"大小马站流水井书院群"这一名称已相沿成习，也无所谓改不改名，但在发掘、利用这一建筑群的历史文化时，需理清其历史，再做定位，以免出错。

　　综上所述，清代自乾隆年间起，鉴于官方对在省会建立联姓宗祠采取禁毁的政策，广州城内新建的合族祠采用了改换"书院"名目的方式。这类无师无长无课程的"书院"显然不属于教育机构，不能归类于传统教育体系中的书院。分布在大小马站、流水井有多座这类"书院"，将这一带称为"书院街"是望名生义，名实不符，基于此认识渲染提升"书院文化"，就更不恰当了。

学海堂创建于越秀山吗

学海堂是清代学坛泰斗、两广总督阮元在广州创立的书院，与此前在杭州创立的诂经精舍一样别开生面，影响深远，它的出现推动了清代乾嘉学派学风的发展，是清代书院发展史上一个转折点和里程碑。有关学海堂的记述和研究著述不少，但在学海堂创办时间、学堂地点及其教育制度的记述上，或勾勒不清，或与史实有出入，有以讹传讹之处，较为权威的工具书或学术著作的记述混乱的情况并不鲜见，确有澄清之必要。

试举一例，丁守和主编《中华文化辞典》"学海堂书院"条目称：

> 原址在广州城北越秀山。由清广东巡抚阮元于道光六年（1826）创设。阮元于嘉庆十二年（1807）巡抚广东，极力提倡经学训诂，并于道光元年（1821）设经古课召试学士。书院建成后，不设山长。

阮元于嘉庆二十二年（1817）九月就任两广总督，在他任两广总督的九年间，七次兼署广东巡抚，其中六次是因为巡抚调任，新巡抚未抵广州，一次是因为巡抚入觐，每次时间多数在一两个月，最长不超过四个半月，在新任巡抚（时已任命）到来之前兼署印务，并非兼任广东巡抚，更不宜直接称其官衔为广东巡抚。该书说阮元于嘉庆十二年（1807）巡抚广东，不仅把他到广东的时间提前了10年，还把阮元官职说成广东巡抚。对学海堂创办时间与书院不设山长等举措起始的记述，亦与史实有出入。

阮元在广州办学海堂时间有多长，涉及他本人对办学影响有多大的问题。换言之，如果学海堂创设于嘉庆二十五年（1820），阮元办学海堂时间达6年多；如果学海堂创设于道光六年（1826），则阮元不到半年就离开广州了，尽管此后仍关心和过问学海堂的管理和教学，但影响毕竟不同。关于学海堂创办时间，较常见的有四种说法：道光六年（1826）说；道光元年（1821）说；道光四年（1824）说；嘉庆二十五年（1820）说。

上述四说中，以道光四年说最为普遍，《广州百科全书》《广东百科全书》等均采用此说。香港亚东学社《学海堂志·出版说明》因附在《学海堂志》之前颇为权威，道光四年说源出于此。文称，道光四年（1824）九月，阮元在粤秀山择地开工，建学海堂，同年十二月建成。此说的学海堂，应是学海堂在越秀山的校舍建筑，作为教育机构的学海堂，则创办于嘉庆二十五年（1820）。《阮元年谱》（原名《雷塘庵主弟子记》）卷六记述道光四年（1824）九月"福侍大人亲至粤秀山觅地，欲建学海堂，遂在山半古木丛中定地开工"。"十二月，建学海堂成。堂为三楹，前为平台"。据此，可以肯定的是粤秀山学海堂建成于道光四年。但文中说到在粤秀山建学海堂的理由是"盖因连年以经古课士，士人之好古者日多，而学海堂惟在文澜书院虚悬一扁，并无实地，是以建堂于此，实有其地而垂永久焉"。这说明学海堂此前已悬扁于文澜书院（址在太平门外下九甫绣衣坊），自身无实地。彼时的学海堂不是虚有其名，而是开办数年，受课士人甚多，才有必要择地建堂办学。又据卷五，嘉庆二十五年（1820）"三月初二日，开学海堂，以经古之学课士子。手书'学海堂'三字扁，悬于城西文澜书院。"是处加按："学海堂加课仿抚浙时所立诂经精舍之例，专课经史诗文。"这说明作为教育机构的学海堂，阮元创办于嘉庆二十五年，且有实实在在的教学活动。

《学海堂志》述及"学海堂"之"堂"，有双重含义：一指书院机构，如谓"本堂向来请事于大宪，俱用申文。若因事文移各州、县，俱用平行"；一指书院建筑，又包括将在越秀山的学海堂建筑群的统称和学海堂书院内专设以课士的主体建筑学海堂两种情况。后者如"辟堂于此，缭以周垣，……堂中远眺，海门可见。堂阶南出，循西而下行……"。这里说的"堂"，是主体建筑，其他建筑还有文澜阁、启秀山房、至山亭。研究者将建筑与书院混淆，是导致学海堂创办时间多说的主要原因。如陈东辉《阮元与学海堂》说：阮元于"道光元年（1821）春，仿诂经精舍之例，开设经古之课，示诸生以取舍之途。道光四年（1824），阮氏在广州城北粤秀山建立了学海堂，并手书'学海堂'三字匾额悬于城西文澜书院"。

《学海堂志》记述的是学海堂在粤秀山麓建院舍后的教学、管理规制及设施，其下限一直记述到同治年间，很容易造成学海堂书院创办于道光四年的错觉。香港亚东学社再版说明有学海堂道光四年创办于粤秀山之说，却未留意到在志中的"建置·筑堂"其实交代了粤秀山学海堂之渊源："仪征公于嘉庆丁丑持节督粤，迨辛巳，政通人和久矣，始设经古之课"。辛巳年为道光元年，证明设学海堂早于粤秀山筑堂之前。学海堂在悬匾文澜书院的教学活动与粤秀山建成书院之初大致一样，直到道光六年阮元即将离粤之前定下《学海堂章程》才有所改变。也正因《学海堂章程》及设学长之事在道光六年，遂有误认学海堂创办于道光六年之说。

既然阮元在嘉庆二十二年（1817）十月二十二日就到达广州接任两广总督，他又如此热心办学，为何抵粤两年多才有创办学海堂之举呢？这与治粤背景有关。嘉庆末年，大清盛势已渐显转折衰败之势，广东面临列强武装侵扰、境内治安不宁的局面。阮元抵粤，先是忙于检阅水师、观察外洋及澳门夷市形势，奏建大黄窖、大虎山炮台，加强抵御外敌之海防以及禁鸦片；接着往粤东、粤西、广西各处阅兵，又设法诱缉净尽海边小盗船，其间还审断广西地方大员互相攻讦之案。只有把燃眉之急的外忧内患大事理出个头绪，他才有可能亲力亲为办学。开办学海堂，如其在《〈学海堂集〉序》中自述："余本经生，来总百粤，政事之暇，乐观士业。"

学海堂址涉及与今广州市二中校址的关系，以及学海堂校脉的延伸问题。如今最普遍的说法是今在越秀山南麓的广州市二中是在学海堂故址上建立的。查询志籍史料，实地踏勘调查可证，此说法并不准确。

学海堂创办83年后的光绪二十九年（1903），学海堂因清廷实行教育新制而废，位于越秀山的书院址改为阮太傅祠——此祠在民国初年已废没。此来又百余年，时过境迁，实地已难觅旧址遗构。就在学海堂改祠12年后的1915年，梁启超重返旧地寻觅阮太傅祠，在《阮芸台先生画像》一文中述及："辛亥军兴后，学海堂鞫为茂草。乙卯（1915）春余归粤省觐，求祠（按：阮太傅祠）故址不可复得，像更何有？"可知此时学海堂已片瓦无存。

梁启超寻祠之后14年，1929年广州市立一中在越秀山南麓创建校舍，抗战胜利后，此地改作市二中校舍。就今二中校址看，是否就建立于学海堂旧址上呢？

　　且看《学海堂志》。此志由学海堂首届学长之一的林伯桐编纂，刻成于道光十八年（1838）。志首有署款"香石黄培芳绘"之《学海堂图》。黄培芳，时称"粤东三子"之一，道光十八年七月任学海堂学长。《学海堂图》是当时写实，以有限篇幅绘出学海堂之方位大势，院内屋宇主次分明，高下有致，较详细地绘出学海堂、启秀山房、文澜阁、至山亭等建筑物，右上方露出一小段城墙。此图为辨认学海堂旧址方位提供了重要依据。《学海堂志》卷首《图说》，首篇《学海堂全图说》称，学海堂辟于越秀山麓，占地甚广，筑有围墙，主要建筑物包括学海堂、启秀山房、至山亭；书院后墙外稍东是越王台旧址，再往东北是镇海楼，隔墙东邻龙王庙；书院内广栽竹林，梅花夹道，石径盘绕，树荫草色间，以石为几席，可见其布局格调追求山林自然之趣。

　　再看刊刻于同治年间的《应元书院志略》中的《应元书院图》，越秀山麓，自西至东并列建有学海堂、龙王庙、菊坡精舍、应元书院。学海堂存在于道光四年（1824）至光绪二十九年（1903）；龙王庙是乾隆元年（1736）迁建于越秀山麓，咸丰七年（1857）毁于英法联军炮火，同治五年（1866）修复；菊坡精舍建于同治六年（1867）。这一说法与二中校史不同，据市二中建校70周年纪念册《越秀春风》载二中校史《越秀书香七十载》所述，应元书院创建于同治八年（1869），光绪二十九年（1903）与菊坡精舍合并改办存古学堂。尽管上述四组建筑群自同治八年（1869）至光绪二十九年（1903）34年间并立于越秀山麓，但并不表明各书院先后举办于越秀南麓同一地点。

　　《应元书院志略》中的"图说·应元书院全图说"载："书院西邻菊坡精舍，复距学海堂不半里，皆课士地也。"可见学海堂与应元书院距离不远，要想分清二者可从建筑风格入手。应元书院的主体建筑是课士之"乐育堂"，书院大门外莲池延袤数亩。"自大门至乐育堂，层累数十级"。学海堂阶梯则依山势蜿蜒而上。两所书院，一规整恢宏，一自然归真，正是其建筑风格区别的重要特征。光绪三十三年（1907）之广州城图上，应元书院东界为应元宫道，地名及巷道至今尚存。以《应元书院志略》中的书院图对照《广州旧影》图册中民国时期市立一中校址旧照规整的梯级，可证明这里是应元书院旧址，而不是学海堂旧址。今市二中正门层累数十级之梯级宽大规整，应是当年应元书院自大门至乐育堂梯级遗制。梯级旁当代立有一石，上镌"应元书院旧址"，署款"清同治八年公元一八六九年"，虽不知何人所立，但文字很恰当。

如果今市二中地址并非昔日的学海堂，那么学海堂真正的地址应在何处？晚清教育改制时，应元书院与菊坡精舍合并为存古学堂，未见将学海堂并入之记载。学海堂改为阮太傅祠后旋废没，民国初在堂内文澜阁废址上曾辟建粤秀楼，为孙中山和夫人宋庆龄驻跸处。1922年叛军炮火将粤秀楼夷为废墟，1930年于此建了"孙先生读书治事处"纪念碑。光绪《广州府志》之《省城图》，清楚地标出应元书院、菊坡精舍、龙王庙、学海堂的名称及位置，学海堂南向正对着抚标箭道（即今中山纪念堂址），菊坡精舍南向正对着莲塘街、卫边街（即今吉祥路）。又，《学海堂全图说》称学海堂"堂后垣外稍东即越王台故址"。阮元主修的道光《广东通志》称"观音阁之东北，为越王台故址"。观音阁故址今建有孙中山纪念碑，可见学海堂北部在孙中山纪念碑南面以下山腰。

2004年7月14日的《羊城晚报》上，黄泳添《曾是广东著名高等学府，大大提升岭南读书之风——清代学海堂位置之谜揭开》一文称，在一幅绘于1918到1919年的地图上，找到学海堂地址位置的实证。这幅地图居然有当时罕见的比例尺和等高线，房屋、寺庙、街道、河流等标注非常详细。依图可看出，"学海堂与镇海楼正在同一轴线上，主体建筑学海堂应在现越秀公园南部孙中山读书治事处纪念碑一带。学海堂建筑布局追求山林之趣，堂内梯级依山势蜿蜒而上，与地图标示一致，这条道正在如今百步梯南梯位置"。由此确证了对学海堂位置的推断。

其实，清代志籍中的一些地图上也可见到学海堂的位置。如清道光十五年（1835）修同治八年（1869）重刊的《南海县志》之《县治附省全图》，就可以清晰见到学海堂位置。图中不仅标出学海堂，还包括堂中重要建筑文澜阁，又标出学海堂西邻的三元宫。从时间上看，当时学海堂还存在，足以说明问题。这与今天的实际情况还是很容易对照的。

综上所述，当年学海堂旧址应在今越秀公园南部孙先生读书治事处一带，今越秀公园百步梯极可能是学海堂书院内梯级，而市二中校址在应元书院和菊坡精舍旧址。

最后，要讲到学海堂的教学制度，其演变与学海堂的办学地点密切相关。

清代，以八股应试为宗旨的书院，最终陷入科举制度泥潭，难以为社会培养有用之才；专讲性理之学的书院，渐而陷入陈腐僵化和虚浮空疏之弊。阮元创办学海堂时提出"此堂专勉实学"，宣布要摆脱科举时事的束缚，反对理学空谈的学风，以实学为旗帜，培养造就通儒式的学者和能本经术为政治的人才，意在提倡和开创一种新学风。学海堂在清代教育史上有着重要的地位，在推动岭南学术发展和人才培养方面成绩显著，乃至影响全国，与同为阮元所创办的杭州诂经精舍并称，被誉为"清代考据学派的最高学府"。其办学特点是：不专尚八股、理学，重经文史学之切实学问研究，倡导"实事求是""无征不信"的学风；不设山长，推行公举学长、"择师而从"的教学民主制度；因材施教的教学措施；自由研究的学术风气。

学海堂既不以追求科举为用，也不事举业课试之文，这就使其在教育制度上得以大刀阔斧地推进改革。首先，书院将全省高才生都视为培养对象，办学方式不同于一般书院聚徒讲学。阮元提出，学海堂"为课通省举贡生监经解诗古之所"。应课的除广东的举贡生监外，还有各地一些教谕、训导和书院掌教，有类今之研究生院。为鼓励更多的士子向学，学海堂改变原来膏火奖赏办法，规定"有随课之奖，无常课之额"。学海堂悬匾文澜书院时，汇收考卷，择优评奖，"所有举贡生员奖给膏火一月者，折给银一两。佳卷渐多，学者兴奋，有佳文一卷而给膏火数月者"。对于诸生的佳卷雅文，选集刊刻，褒扬学术成果，鼓励学生钻研学术风气，倡导、推广实学。粤秀山学海堂落成的道光四年（1824），由阮元选定学海堂师生撰文，刊刻成《学海堂初集》十五卷附一卷。他在《〈学海堂集〉序》中说道："道光四年，新堂既成，初集斯勒。四载以来，有笔有文，凡十五课"。可见学海堂从悬匾文澜书院起，就实行季课制度不辍，《学海堂集》是对此前学海堂倡学成绩的检阅，也说明学海堂教育活动始于道光四年之前。

阮元亲自参与课士、出题等活动，身体力行地倡导了实学。当时书院风气，有的山长只挂名却并不到院教导学生，时人吴岳《新建粤秀山学海堂记》载，阮元常常亲自到学海堂与诸生讲课析疑，"凡经义子史前贤诸集，下及选赋诗歌古文辞，莫不思与诸生求其程，归于是，而示以从违取舍之途。"学海堂考试实行季课，主要由阮元或由他临时聘请学者或其他书院出题，批改考卷。学海堂开课策问："今大小西洋之历法，来至中国在于何时？

所由何路？……元之回回历，是否如明大西洋新法之由广东省海泊而来？大小西洋之法自必亦如中国之由疏而密，但孰先孰后、孰密孰疏？"反映阮元力排科举八股和理学，极倡实学，在教育改革中将自然科学包括西方近代自然科学列为实学重要内容的创新勇气，也反映了广州在中西方文化冲突中领风气之先的学术文化特色。

阮元在学海堂的教育活动，影响深远的是制定《学海堂章程》，为继任者所沿袭，也屡为研究学海堂教育制度者所引用。这里必须指出，引用者往往将其作为学海堂创办伊始之章程制度，是不确切的。《学海堂章程》是阮元总结其办学海堂乃至此前办诂经精舍的实践经验所制订，旨在"以垂久远"，而不是一开始创办学海堂就这么做的。

道光六年（1826）六月十三日，阮元接到部咨，奉谕调补云贵总督，第二天，即向广州府和学海堂发出《学海堂章程》文檄，并要求"札到即便遵照办理"。可见他对此酝酿已久，此时臻于成熟。章程共8款，主要规定设立八学长而不设山长管理学海堂，季课由学长出题，发榜由学长酌定，课卷俟日按《学海堂集》选刻；拨沙垣收租以及拨本银生息为学海堂经费和添建小阁藏书、刻集费用。三天后，又追发文檄，责成有司严催不得拖欠学海堂经费，提高八学长润笔和堂中膏火，显示出阮元对学海堂长期办下去的关切之心和切实措施。所谓"永不设立山长，亦不允荐山长"，设立八学长同司课事，以及对课卷评定甲乙等级散给膏火，是从此才开始，即在阮元离开广东后才正式执行。今人不少文章说阮元创建学海堂即行八学长制，是将此举提前了。学海堂原有山长何人，文献无明确记载，但从学海堂初期教学活动看，应是阮元。

学海堂不设山长，设八学长共司课事的章程，虽在阮元离粤之后才执行并坚持下去，但阮元提出这两个原则，对于旧的教育制度的改革，本身就是一个很了不起的举措。保证了自由研究的学术风气。继任督抚鉴于成宪，率能使学海堂发挥其积极作用，岭海人物，蒸蒸日上。学海堂主讲名师，先后有55人，学生有著述问世可查者，达300余人，书几千种，对岭南学术文化的发展，产生了重要而深远的影响。曾受业于学海堂的陈澧、朱次琦、廖廷相、桂文灿、汪兆镛、梁启超等，皆是一代之名流。张之洞督两广时，慕"甘泉、阮文达之为人，所至以兴学育才为亟"，建广雅书院即承学海堂之余绪，以实用为依据，一洗旧习。可见学海堂影响之深远。至于规定学海堂书院招收公举专课肄业生、学生可在八学长中"择师而从"，"各因资性所宜，听择一书专习，或先习句读，或加评校，或钞录精要，或著术发明"，那是后任两广总督卢坤的谕令，亦体现了与阮元办学思想的一脉相承。20世纪20年代大革命时期，国立中山大学学生曾掀起要求从学校教师中自行择师的风潮。距此一百年前，学海堂已将此列入办学章程，殊为可贵。但记述"择师而从"这一制度在学海堂开始实施，实事求是，只能说是在阮元之后的事，方有助于对阮元教育思想形成与实践影响的研究。

综上所述，学海堂并非创办于广州越秀山。清嘉庆二十五年（1820）三月创办学海堂时，是在广州西关文澜书院内悬匾开课，阮元亲自主持了在此处的教学活动。直至四年后的道光四年（1824）年底，才在越秀山建起学海堂书院校舍，迁至越秀山麓办学。在越秀山办学一年半后，阮元即调离广东。可以说，阮元在粤办学，那时的学海堂址多数时间在文澜书院址并不是越秀山。对于这段史实的厘清，除了关系到对学海堂教育实践、教育制度等问题的研究，还关系到广州近代教育史史实的还原。